Etocracia

FUNDAÇÃO EDITORA DA UNESP

Presidente do Conselho Curador
Mário Sérgio Vasconcelos

Diretor-Presidente / Publisher
Jézio Hernani Bomfim Gutierre

Superintendente Administrativo e Financeiro
William de Souza Agostinho

Conselho Editorial Acadêmico
Danilo Rothberg
Luis Fernando Ayerbe
Marcelo Takeshi Yamashita
Maria Cristina Pereira Lima
Milton Terumitsu Sogabe
Newton La Scala Júnior
Pedro Angelo Pagni
Renata Junqueira de Souza
Sandra Aparecida Ferreira
Valéria dos Santos Guimarães

Editores-Adjuntos
Anderson Nobara
Leandro Rodrigues

BARÃO DE HOLBACH

Etocracia
ou
O governo fundamentado na moral

Tradução
Regina Schöpke e Mauro Baladi

© 2022 Editora Unesp

Título original: *Éthocratie, ou Le Gouvernement Fondé Sur La Morale*

Direitos de publicação reservados à:

Fundação Editora da Unesp (FEU)
Praça da Sé, 108
01001-900 – São Paulo – SP
Tel.: (0xx11) 3242-7171
Fax: (0xx11) 3242-7172
www.editoraunesp.com.br
www.livrariaunesp.com.br
atendimento.editora@unesp.br

Dados Internacionais de Catalogação na Publicação (CIP) de acordo com ISBD
Elaborado por Vagner Rodolfo da Silva – CRB-8/9410

H723e	Holbach, Barão de
	Etocracia: ou O governo fundamentado na moral / Barão de Holbach; traduzido por Regina Schöpke, Mauro Baladi. – São Paulo: Editora Unesp, 2022.
	Inclui bibliografia. ISBN: 978-65-5711-125-3
	1. Filosofia. 2. Filosofia iluminista. 3. Etocracia. I. Schöpke, Regina. II. Baladi, Mauro. III. Título.
2022-645	CDD 100 CDU 1

Editora afiliada:

Asociación de Editoriales Universitarias de América Latina y el Caribe

Associação Brasileira de Editoras Universitárias

Sumário

Advertência . *11*

Capítulo I – Da união da moral com a
política . *15*

Capítulo II – Ideia sumária das leis fundamentais
de um bom governo . *23*

Capítulo III – Das leis morais para os poderosos
de um Estado . *39*

Capítulo IV – Das leis morais para a nobreza . *49*

Capítulo V – Das leis morais para os homens
de guerra . *61*

Capítulo VI – Legislação moral relativa à
magistratura e aos homens da lei . *73*

Capítulo VII – Das leis morais relativas aos
ministros da religião . *85*

Capítulo VIII – Leis morais para ricos e
pobres . *103*

Capítulo IX – Das leis morais relativas aos sábios,
ciências, letras e artes . *133*

Capítulo X – Da legislação moral relativa à
educação . *147*

Capítulo XI – Das leis morais relativas aos
casamentos e à vida doméstica ou privada . *171*

Capítulo XII – Da legislação moral sobre os
crimes . *185*

Capítulo XIII – Da legislação moral contra os
vícios e as desordens da sociedade . *203*

Capítulo XIV – Dos meios que o governo pode
empregar para reformar os costumes e para
incitar os homens à virtude . *221*

A Luís XVI,

rei da França e de Navarra.

Monarca justo, humano e benfazejo; amigo da verdade, da virtude e da simplicidade; inimigo da adulação, do vício, do fausto e da tirania; restaurador da ordem e dos costumes; pai do seu povo; protetor do pobre; cujo reinado é a esperança dos bons, o terror dos malvados e a consolação dos verdadeiros cidadãos. Votado, dedicado, consagrado por um cidadão fiel, zeloso e respeitoso, que diz a verdade ao príncipe que quer ouvi-la.

Constituit bonos mores civitati princeps.[1]

Sêneca, *De clementia*, livro I

Ego verum dicere assuevi, et tu libenter audire.[2]

Plínio, Cartas, livro VII, epístola 20

---

1 "O governante assegura os bons costumes em um Estado." (N. T.)
2 "Tanto tenho eu o hábito de dizer a verdade quanto vós de ouvi-la."
(N. T.)

Advertência

O título desta obra anuncia seu objetivo: ele é composto de duas palavras gregas, EΘΟΣ, *costumes*, e ΚΠΑΤΟΣ, *força, poder, domínio, governo*. Acreditamos poder empregar essa palavra para designar um ensaio, um projeto de união entre moral e política, a ideia de uma legislação em conformidade com a virtude, que possa ser igualmente vantajosa para os soberanos, para os súditos, para as nações, para as famílias e para cada um dos cidadãos. Ousamos nos gabar de não ter, neste ensaio, proposto nada de quimérico, ou que não possa ser facilmente executado por todo legislador sinceramente animado pelo desejo de fazer a felicidade de seu povo — assim é o monarca benfazejo e justo que é, atualmente, a esperança e o consolo dos franceses.

Aos homens desalentados, que acreditam que toda a reforma é impossível, e que se obstinam em não ter esperança na salvação da república, diremos que tudo é possível para a vontade firme e confiante de um príncipe fortemente ocupado com o restabelecimento da ordem e da felicidade dos seus súditos, sobretudo quando ele se vê coadjuvado por alguns ministros esclarecidos, íntegros e virtuosos. Em tais mãos, o Estado pode, sem dúvida, esperar curar-se de suas chagas, recuperar as forças e desfrutar, com o tempo, de uma saúde vigorosa. Como diz Sêneca, *só um mau médico renuncia à esperança de curar os seus doentes*.[1] Se, como os indivíduos, os Estados não podem se prometer uma felicidade inalterável, que ao menos tirem proveito dos momentos favoráveis que o destino quer lhes conceder.

O próprio Maquiavel, que em geral não se propõe a dar conselhos honestos aos soberanos, reconhece, no entanto, que "todo príncipe ou todo ministro que aspira à imortalidade deve escolher como palco de sua glória um Estado corrompido e caído em decadência, a fim de ter a honra de se tornar o seu restaurador".

Não é necessário mérito, nem ciência para exercer o despotismo e destruir um Estado, é preciso apenas a força e a perversidade. Porém, para governar sabiamente um Estado corrompido, para dele banir a desordem e o vício, são precisos esforços longos e continuados, são necessárias luzes e firmeza — virtudes raramente encontradas nos príncipes. Poucas leis são suficientes para as pessoas de bem, mas é necessário que elas sejam severas e multiplicadas para os malvados, que mesmo assim dificilmente podem ser contidos por elas. É fácil fazer que algumas leis racionais sejam adotadas por um povo simples, isento das prevenções e dos vícios que vemos comumente enraizados nas nações civilizadas, nas quais encontramos uma multidão de cidadãos ignorantes, presunçosos ou perversos, que se habituou a considerar seus usos mais nocivos como coisas sagradas, seus preconceitos como princípios seguros, suas falsas opiniões como máximas infalíveis, seus interesses pessoais como os da

---

1 "Mali medici est desperare, ne curet" (Sêneca, *De clementia*, livro I, 17).

Etocracia ou o governo fundamentado na moral

nação inteira e suas injustiças como direitos invioláveis. Tais são os doentes teimosos que um soberano corajoso e cioso de sua glória deve curar, se ele deseja caminhar para a imortalidade.

São, evidentemente, os vícios dos homens que provocam o despotismo e a tirania. É preciso um cetro de ferro para subjugar e conter alguns escravos sem razão e sem bons costumes, dos quais só o temor pode deter os excessos. Cabe senão aos cidadãos honestos terem bons reis. As nações corrompidas podem ter apenas tiranos, elas não são suscetíveis nem da liberdade – da qual fariam senão abusar, e que logo a perderiam –, nem da prosperidade – sempre incompatível com a licenciosidade, a injustiça e os maus costumes.

Por outro lado, todo soberano virtuoso, feito para ser guia, pastor e pai de seus súditos, deve temer merecer os nomes de déspota e de tirano, que o tornem odioso por seu povo, objeto do terror público, possuidor incerto de um poder detestável. Sendo justo e bom, ele deseja comandar homens que se pareçam com ele, cidadãos racionais, súditos dóceis e verdadeiramente apegados. Para atingir esse objetivo igualmente desejável para as nações e para os seus líderes, o legislador, acomodando-se à fraqueza dos espíritos, se esforçará para esclarecê-los, para instruí-los, para conduzi-los, por meio da brandura, à razão que eles ignoram. Às vezes, por meio de algumas recompensas, ele os fará sentir as vantagens das virtudes na vida social; outras, enfim, fazendo uso legítimo de sua autoridade, inspirará alguns terrores salutares àqueles que se mostrarem rebeldes às suas lições benfazejas. O poder absoluto, do qual tantos maus príncipes comumente abusam, torna-se nas mãos de um soberano justo uma arma necessária para destruir os esforços e os complôs da iniquidade. A reforma de um Estado viciado há muito tempo exige firme constância e coragem intrépida, qualidades mais honrosas e raras do que esse ardor fatal que faz empreender conquistas. Não existe para um rei nenhuma glória mais sólida do que reinar por meio de leis sábias sobre um povo virtuoso. Assim sendo, o poder do soberano e a felicidade dos súditos estarão fundamentados em uma base que nada poderá abalar.

I

Da união da moral com a política

O grande Sully[1] disse que os bons costumes e as boas leis se formavam reciprocamente. Nunca, sem iguais perigos para os soberanos e para os súditos, a política pode se separar da moral, nem pode perdê-la de vista por um instante. Por isso, qualquer que seja a forma de governo adotada pelas nações, aqueles que são encarregados da autoridade pública estão comprometidos a guiá-las para a felicidade. Mas essa felicidade, incompatível com o vício ou com a desordem, encontra-se apenas na prática dos deveres da vida social, na observância constante das regras da justiça e no respeito pela virtude. Segundo Cícero, *a lei é a justa razão, que prescreve aquilo que é honesto e que proíbe aquilo que não o é.*[2]

Assim, o legislador, em todas as suas instituições, e o soberano, em seus éditos e regulamentos, não deveriam ser senão os porta-vozes da justiça, os intérpretes fiéis dos oráculos da

---

1 Trata-se do conde de Sully (1559-1641), militar e estadista francês durante o reinado de Henrique IV. (N. T.)

2 "Recta ratio, imperans honesta, et prohibens contraria" (Cícero, *Filípicas*, 11).

moral. Se, como tudo demonstra, a divisão dos interesses do soberano e dos súditos produziu o fatal divórcio que tantas vezes encontramos entre a política e a moral, a razão, guiada por uma experiência longa e constante, deveria, enfim, reaproximá-las. Unidos, então, com os povos que governam, os líderes das nações convenceriam veementemente ou forçariam os cidadãos a cooperar, segundo as suas faculdades, com o bem geral.

Apenas a reunião tão desejável da política com a moral pode efetuar a reforma dos costumes, que uma filosofia desprovida de poder tenta inutilmente reformar. O que podem fazer, com efeito, os conselhos estéreis da razão, sempre tristes para seres endurecidos, corrompidos e dissipados? O que podem as vãs exortações contra os preconceitos enraizados, contra as paixões impetuosas, contra as inclinações funestas fortalecidas pelo hábito? *É preciso uma moral prática, difundida por uma autoridade legítima, e esta moral deve ser fixada pela lei*, diz um magistrado esclarecido.[3]

Aristóteles observou há muito tempo que a moral não pode ser eficaz sem o auxílio das leis, que os discursos não podem ser suficientes para reformar os costumes: "Os homens obedecem bem mais à necessidade do que às palavras, aos castigos do que às advertências. Somente a lei tem o poder de obrigá-los. Cria-se aversão pelos homens quando eles contrariam as paixões, mas nunca se odeia a lei".

Segundo Aristóteles, para reformar totalmente os costumes, "é preciso que o legislador seja virtuoso e bem instruído sobre

---

3 Cf. Louis-Bernard Guyton de Morveau. *Discours publics et éloges: auxquels on a joint une lettre où l'auteur développe le plan annoncé dans l'un de des discours, pour réformer la jurisprudence.* t.I, p.32.

Etocracia ou o governo fundamentado na moral

os deveres da moral, sem a qual nenhuma legislação pode ser racional". Em poucas palavras, "viver segundo a razão é viver segundo a lei".[4]

Quando consideramos a má educação que comumente é dada àqueles que, pelo seu nascimento, são chamados ao governo dos impérios, a adulação que os inebria, as máximas arrogantes com as quais eles são envenenados e o ar contaminado que se respira nas cortes, somos tentados a crer que é quase impossível encontrar a justiça e a bondade unidas ao poder supremo. Vendo as diversas paixões pelas quais as nações são agitadas, os interesses que a todo momento separam os seus líderes, as guerras atrozes e contínuas que iniciam com tanta leviandade, e a pouca boa-fé que preside os seus tratados, acreditamos que a moral não tem nada em comum com os interesses do Estado, e até mesmo os prejudica diretamente. Enfim, voltando seus olhares para uma multidão de antigos erros, de loucuras contagiosas, de paixões discordantes que separam os cidadãos e de vícios que se supõe estarem ligados ao clima, imaginamos que não existe nenhum empreendimento mais extravagante que o de querer fazer os homens ouvirem a razão, a verdade e a moral, que são as únicas coisas que podem torná-los felizes e sociáveis. *Não são em absoluto as latitudes, são as leis que determinam os costumes.*[5]

Enganadas por um lance de olhos tão apropriado para desencorajar, muitas pessoas acreditaram que as doenças das nações eram um caso totalmente perdido, que os Estados deveriam ser abandonados ao seu destino deplorável, que haveria loucura, presunção e temeridade em querer efetuar a sua cura. De acordo

---

4 Aristóteles, *Ética a Nicômaco*, livro X, cap.9.
5 Cf. Louis-Bernard Guyton de Morveau, op. cit., t.I, p.65.

com essas ideias, os filósofos moralistas são considerados em geral vãos declamadores, entusiastas ridículos, empíricos e, ainda com mais frequência, cidadãos perigosos cujos princípios perturbariam inutilmente a sociedade, acostumada há muito tempo a suportar seus males sem reclamar. Os reformadores políticos que foram tratados com menos severidade foram tidos como sonhadores honestos, cujas ideias não podiam convir senão à República de Platão e às utopias. Alguém disse, com razão, que *os tolos aceitam os conselhos dos sábios da mesma forma como os sábios aceitam os conselhos dos tolos.*[6]

A acolhida pouco favorável que encontram, em um mundo frívolo ou pervertido, as verdades mais úteis não deve, no entanto, desencorajar os cidadãos fortemente animados pela paixão pelo bem público. *O tempo* – disse Sêneca – *é muito sábio, porque ele descobre tudo.* As verdades importantes para o homem não se perdem jamais; muitas vezes inúteis às gerações presentes, elas fazem a felicidade das gerações futuras. Onde estaria o espírito humano se, contestados e perseguidos por seus contemporâneos, alguns sábios não tivessem semeado visando a uma posteridade mais equitativa e com menos prevenções que seus ancestrais, e que desfruta das vantagens que eles loucamente desdenharam?

Será que alguns exemplos presentes diante de nossos olhos não são adequados para provar que não é preciso perder a esperança no gênero humano? Será que um príncipe amigo da justiça e da ordem não pode se tornar em pouco tempo o restaurador

---

6 Sabe-se que as ideias, quase sempre justas e úteis, do abade de Saint-Pierre foram por muito tempo consideradas loucuras e qualificadas de *divagações de um homem de bem* pelo cardeal Du Bois.

Etocracia ou o governo fundamentado na moral

de um vasto império?[7] A sabedoria e a equidade, armadas com um grande poder, são capazes de modificar em pouco tempo a face de um Estado. O poder absoluto é muito útil quando se propõe a aniquilar os abusos, a abolir as injustiças, a corrigir o vício e a reformar os costumes. O despotismo seria o melhor dos governos se fosse possível prometer que ele fosse sempre exercido pelos Tito, pelos Trajano e pelos Antonino.[8] Porém, ele cai normalmente em mãos incapazes de usá-lo com sabedoria.

Tranquilizado por essas ideias consoladoras, de que o cidadão que deseja o bem-estar de sua pátria ouse, portanto, expor em público os frutos de suas reflexões, de que a razão não perca mais a esperança de fazer que sua voz seja ouvida por alguns seres racionais, de que a moral, sempre branda e pacífica, não renuncie aos seus direitos sobre os seres sociais, a verdade, a justiça e a virtude não são feitas para serem eternamente rejeitadas pelos homens, cuja associação não poderia subsistir sem o auxílio delas.

A moral não pode amedrontar senão a tirania, que, segundo Aristóteles, *consiste em comandar contra a sua vontade alguns homens que ela força a obedecer*. O tirano desconfiado reina apenas pela força sobre alguns escravos, que ele tem o máximo interesse em dividir e corromper. Detesta a virtude, sempre contrária às suas fantasias criminosas, ele afasta de seus olhos os cidadãos

---

7 Os primeiros momentos do reinado de Luís XVI, hoje governando a França, parecem prometer a esse reino, oprimido por duas longas e funestas guerras, o retorno de uma felicidade totalmente inesperada. Não há nada de ruim que a nação francesa espere um príncipe cheio de bondade, justiça, amor pela paz e desprezo pelo fausto, e que ele seja cercado de ministros esclarecidos e virtuosos.

8 Filósofo estoico e imperador romano do século II, mais conhecido como Marco Aurélio. (N. T.)

honestos e sábios porque deve temer os seus olhares, porque eles têm almas muito nobres para se prestarem aos seus projetos. Em poucas palavras, o tirano quer aniquilar toda a justiça e toda a regra porque elas condenam a todo momento a sua conduta insensata.

Nada é mais mutuamente antipático que a moral e a tirania. A virtude reúne os interesses dos homens; a tirania não procura senão separá-los, a fim de destruí-los sucessivamente uns pelos outros. A virtude eleva os corações; a tirania os rebaixa. A virtude faz as nações prosperarem, as torna felizes e poderosas; a tirania se aflige com a sua prosperidade, se compraz em vê-las fracas e ressequidas. As boas leis fazem a segurança de um Estado; a tirania não quer nada que a incomode. Equidade, concórdia, benevolência mútua, humanidade e piedade, enfim, os bons costumes, que são os laços da vida social e privada, atemorizam um governo fundamentado na crueldade, na depravação e na ruína de todo o bem.

Se as virtudes e os bons costumes são incompatíveis com um mau governo, eles servem de fundamento para um governo racional. Nele, o soberano conhece os deveres que o ligam ao seu povo e que são os penhores da segurança recíproca. O soberano estima, encoraja, recompensa o mérito e os talentos, porque os julga necessários ao bem do Estado, úteis à sua própria glória e capazes de contribuir para a felicidade geral, da qual dependem o seu poder e a sua própria felicidade. Ele se interessa pela concórdia, pelo bem-estar dos indivíduos, das famílias e das corporações, porque, longe de temer sua união, ele considera que ela serve para a sua defesa. Ele se compraz em usufruir das virtudes de cada cidadão porque, como observa Aristóteles, *as mesmas qualidades e virtudes que constituem o homem de bem devem constituir*

Etocracia ou o governo fundamentado na moral

o bom cidadão. É no mesmo espírito que Pitágoras aconselha os encarregados da administração a conduzir sua casa da mesma forma que conduzem o Estado.

Portanto, apenas um governo honesto pode comandar bons cidadãos. Um legislador esclarecido pela razão e pela equidade é o único que pode formar colaboradores para os seus trabalhos políticos. É preciso que o soberano seja justo e bom se quiser reinar sobre súditos virtuosos. Segundo Claudiano,[9] *os costumes do príncipe são uma lição mais convincente e mais forte do que todas as suas prescrições.*

---

9 Cláudio Claudiano (370?-404?), poeta latino nascido em Alexandria. (N. T.)

II
Ideia sumária das leis fundamentais de um bom governo

São chamadas de *fundamentais* as leis primordiais de um Estado, destinadas a determinar as diversas formas de governo adotadas pelas nações. Alguns povos quiseram que um único homem os governasse, e constituíram assim as *monarquias*; outros acreditaram que deviam confiar a administração a alguns cidadãos eminentes, e constituíram as *aristocracias*; há ainda os que quiseram se governar, ou ao menos reservar para si a escolha dos cidadãos que eles encarregariam por um tempo dos cuidados do governo, é assim que se constituíram as *democracias*. E algumas nações acreditaram que deviam combinar essas diferentes maneiras de governar, o que produziu os governos mistos ou mesclados.

Qualquer que seja a forma de governo, como ele não pode se propor outra finalidade que não seja a conservação e a felicidade da sociedade governada, ele deve sempre adotar a moral como base. Jamais pode, sem perigo, afastar-se dos princípios morais, feitos para guiar todos os passos dos soberanos e dos súditos. O monarca, a partir do momento em que se afasta da justiça e da virtude, torna-se um usurpador; ele não mais governa, tiraniza; não tem mais autoridade legítima, porque a autoridade, para ser justa, não pode estar fundamentada senão no bem que faz aos homens.

Se, como na aristocracia, alguns cidadãos escolhidos para governar um povo, perdendo de vista a moral, sacrificam o interesse público em favor de sua própria ambição, de suas paixões invejosas e do interesse de sua família, eles são prevaricadores, sua autoridade se torna uma usurpação manifesta, e seu governo se transforma em tirania.

Quando um povo, na democracia, abusando do poder que retém em suas mãos, entrega-se cegamente às suas paixões tumultuosas, exerce a inveja contra o mérito que lhe faz sombra, mostra sua ingratidão com pessoas de bem que o serviram fielmente e persegue ou bane as mais eminentes virtudes; violando as sagradas regras da moral, a democracia se degenera em uma tirania que trabalha para a sua própria ruína. A injustiça é o obstáculo do poder para as nações, assim como para cada cidadão.

Ou seja, os anais do universo nos mostram a cada página que os tronos, impérios, povos e seus governos se aniquilaram por terem violado os deveres sempre sagrados da moral. A história do mundo prova que vícios e paixões dos soberanos e dos povos foram sempre a verdadeira causa da ruína das sociedades, e que somente a virtude pode sustentá-las e torná-las felizes. Justiça, bondade, reunião dos interesses de todos os cidadãos com os de seus líderes, eis aí o único meio de conservar um Estado e de lhe dar a consistência necessária para durar, para resistir aos golpes da fortuna.

Não podemos, portanto, adotar o princípio do célebre autor do *Espírito das leis*, quando diz que *a honra é o motor do governo*

monárquico e a virtude é o motor do governo republicano. Como um filósofo esclarecido poderia ter distinguido a *honra* da *virtude*, sem
a qual não pode haver nem honra verdadeira, nem glória real,
nem felicidade permanente para nenhuma nação? Relegar a virtude às repúblicas não será supor que ela não pode ser encon-
trada nas monarquias, que ela estaria deslocada entre os reis?
Será que Montesquieu, tal como Aristóteles, pensava que *não se
encontravam verdadeiros reis no seu tempo, e que havia apenas alguns tiranos?*[1] Esse autor sublime, com quem a razão humana tem tão
grandes obrigações, não teria cometido uma injúria contra os
súditos das monarquias por acreditar que, pouco suscetíveis de
virtudes, eles não podiam ser afetados senão por uma vaidade
pueril, por algumas distinções frívolas que dependem dos caprichos de um senhor?

Não admitamos suposições tão deploráveis quão pouco fundamentadas: acreditemos que, se a virtude é totalmente incompatível seja com o despotismo – cujo motor é o temor –, seja
com a tirania – que não é senão a pilhagem de um sujeito exercida contra todos –, a moral e a virtude são perfeitamente compatíveis com uma monarquia sabiamente constituída, na qual
elas farão a felicidade do soberano e dos súditos. Em todo
governo racional, a honra e a virtude devem ser inseparáveis;
não existe nenhum soberano ou nação que possa dispensar a
moral; não existem boas leis cuja formação não deva ser presi-
dida pela moral.

Se, em todos os governos, as leis fundamentais ou primordiais são defeituosas, insuficientes, desconhecidas, dege-
neradas em abusos, é porque as paixões têm normalmente

---

1 Cf. Aristóteles, *Política*, livro V, cap.10.

contribuído muito mais do que a moral ou a razão para a formação dos governos; é porque a impostura ou a força fundaram muitos impérios; é porque a ignorância, a imprudência, a credulidade e a inércia fizeram que fossem admitidas algumas máximas, usanças e leis muitas vezes perniciosas, contra as quais os povos, acorrentados pelo hábito ou pela força, não puderam reclamar; é porque os verdadeiros princípios da moral, sobre a qual tanto se tem escrito, são ainda ignorados pela grande maioria dos homens, que mal distinguem o justo do injusto, o bem do mal, o honesto do vergonhoso ou criminoso. Enfim, se tantos soberanos abusaram de seu poder, é porque eles não conheceram a maneira de bem usá-lo para a sua própria felicidade, e que sempre está ligada à de seus povos; é porque os líderes das nações não perceberam que, pelo seu interesse, deveriam se submeter a algumas regras, pôr um freio em suas paixões, se colocar na ditosa impossibilidade de se causar dano, entravando a felicidade de seus súditos. Toda autoridade, para ser segura, deve ser moderada.[2]

Todo soberano é homem, sujeito às mesmas paixões que o simples cidadão. Este último, pelo temor das leis, é forçado a contê-las; ao passo que o primeiro, armado de grande poder, pensa que não tem nada a temer, mas essa ideia o engana; ele deve temer o ódio de seus súditos, a desordem pública, a derrocada de seu trono, o ressentimento dos infelizes que ele oprime, os vícios que alimentou nos corações de seus escravos. Para evitar essas catástrofes, tão comuns aos maus príncipes, o

---

2 "Ea demum tuta est potentia, quae viribus suis modum imponit" (Plínio, *Panegírico de Trajano*). É aquilo que praticavam os romanos, segundo Cícero: "firmior ut esset, moderatiorem instituerunt". O falecido marquês d'Argenson fez uma obra intitulada *Bem governar, não governar demais*.

Etocracia ou o governo fundamentado na moral

soberano, prevenido contra os seus próprios desejos, viverá com desconfiança e temor de si mesmo; não será de maneira alguma cioso de uma autoridade sem limites; sacrificará parte dela para desfrutar mais seguramente daquela que lhe deve restar. Ou seja, atará prudentemente as mãos no temor de ferir seu povo, cuja felicidade deve sempre ser a sua. "O império mais firme", diz Tito Lívio. "é aquele ao qual nos submetemos com alegria."[3]

Não contente de trabalhar pela felicidade de seus súditos, um bom rei deve ainda assegurá-la para o futuro. Sensível à verdadeira glória, ele quer que sua memória seja prezada pela posteridade, quer continuar reinando, do fundo de seu próprio túmulo, sobre os corações. Assim, sabendo que o monarca mais sábio pode ser substituído por um tirano insensato, ele coibirá seus descendentes por meio de algumas leis, de tal modo unidas à constituição do Estado, para que a maldade não possa sem perigo infringi-las ou aniquilá-las.

Os cuidados que exige o governo de um grande império são de tal modo multiplicados que é impossível que um príncipe olhe para as partes de seu Estado e conheça todas as necessidades, os males, a situação e os desejos de seus súditos. Para que o soberano, precavido contra as mentiras e as adulações dos cortesãos que o cercam, possa ouvir distintamente a voz livre dos cidadãos, as leis fundamentais devem estabelecer de maneira estável um corpo de representantes, escolhidos entre os cidadãos mais íntegros, mais esclarecidos, mais interessados pelo bem público, e encarregados de estipular os interesses que eles têm em comum com os seus concidadãos.

---

3 "Certe id firmissimum longe imperium est, quo obedientes gaudens" (Tito Lívio, livro VIII).

Barão de Holbach

Para prevenir a infidelidade desses representantes, as leis fundamentais devem impedir que as eleições se façam por manobras ardilosas, intriga, venalidade e em meio ao tumulto. Todo homem culpado de ter obtido o seu posto por meio desses caminhos indignos merece ser excluído para sempre do direito de estipular os interesses de seu país. A votação em urna parece ser o caminho mais seguro para tornar as eleições tranquilas.

A lei fundamental deve conferir aos representantes o direito imutável de se reunir sem esperar a convocação do príncipe, evitando que alguns ministros e aduladores muitas vezes parem de ouvir as queixas mais justas e mais prementes de seu povo.

É no conselho dos representantes da nação que todas as leis devem ser feitas, discutidas, corrigidas e revogadas. Assim, toda a nação colabora na formação das regras que ela deve seguir, dos impostos que deve pagar, das guerras que deve empreender ou terminar, dos sacrifícios que deve fazer em prol de sua segurança e das dívidas que pode contrair. Porém, talvez fosse útil que algumas leis rigorosas impedissem um Estado de se endividar. Será que alguns impostos transitórios, por maiores que sejam, não são mais vantajosos que algumas dívidas acumuladas pelas quais as nações permanecem para sempre sobrecarregadas? Um grande crédito arruína muitas vezes um povo, assim como faz com um simples cidadão.[4]

Como uma fatal experiência prova que os interesses do príncipe se separam quase sempre dos de sua nação, todos aqueles que são assalariados do soberano devem, como suspeitos, ser excluídos pela lei do direito de falar pelo povo; ninguém pode servir igualmente a dois senhores. A simples honra deve bastar aos

---

4 Cf. final do Capítulo XI.

Etocracia ou o governo fundamentado na moral

representantes de um Estado. Uma nação venal e atormentada pela sede do ouro não deve se vangloriar de ser fielmente representada.

A lei deve sempre subordinar os deputados ou representantes nacionais a seus constituintes, que devem ter o direito de punir e de destituir com ignomínia pelo abuso que se poderia fazer de sua confiança. Em um governo bem organizado, nenhum homem, qualquer que seja a posição que ocupe, deve estar isento do temor de ser punido por seus crimes.

Um soberano sinceramente animado com o amor pelo bem público não deve, de maneira alguma, ser cioso do direito de nomear ministros, na escolha dos quais ele pode ser a todo momento enganado. Ele deve preferir, sabiamente, ter alguns conselhos estáveis e permanentes, destinados a despachar em cada departamento os negócios que, muitas vezes, a cabeça de um único homem não pode abranger. Os conselhos levam para a administração uma solidez que não se pode esperar de ministros que se sucedem com rapidez, e cujas ideias, sistemas, costumes e conhecimentos raramente estão de acordo com os de seus predecessores. Afirmarão, talvez, que os conselhos retardam a expedição dos negócios pela lentidão de seus movimentos, mas a vigilância do príncipe pode acelerar, e as decisões de um conselho seriam bem menos arbitrárias que as de um único homem, cujo poder e cujos prazeres podem tornar injusto ou negligente.

Se o príncipe acredita dever preferir os ministros aos conselhos, as leis fundamentais de um Estado bem constituído devem obrigar esses depositários da autoridade a prestar contas de suas realizações e de sua gestão à pátria. Com isso, o soberano é isento, aos olhos dos povos, das malversações e das faltas que lhe são imputadas, e que alguns ministros perversos ousam muitas vezes atribuir às suas ordens. Essa prestação de contas seria muito apropriada para conter as paixões e incitar a vigilância. *É útil*, diz Tito Lívio, *que nenhum cidadão se torne poderoso demais ou grande demais para poder ser processado judicialmente: nada é mais apropriado para conservar o Estado do que ver os homens mais eminentes submetidos às leis como todos os outros.*[5]

Visto que todo governo não deve ter como objetivo invariável senão a felicidade da nação governada, as leis fundamentais devem assegurar, da maneira mais solene: (I) a *liberdade*, que é o direito de fazer pela sua própria felicidade, ou pelo seu próprio interesse, tudo aquilo que não é contrário à felicidade ou aos interesses dos outros; (II) irrevogavelmente, a *propriedade*, ou seja, a posse segura e tranquila das coisas que o cidadão pode adquirir de maneira justa; (III) a *segurança* para todos os cidadãos enquanto eles são justos, ou enquanto não se tornam nocivos à sociedade. Uma nação se encontra sob a tirania mais horrível quando depende da paixão ou do capricho de qualquer homem poderoso aprisionar ou fazer desaparecer o cidadão que lhe desagrada.[6]

---

5 "Expedit reipublicae, neminem ita se extollere ut legibus interrogari non possit; cum nihil magis conservet rempublicam, quam potentissimos legibus subjectos esse" (Tito Lívio, livro XXI).

6 Em um país submetido ao despotismo viu-se, há alguns anos, um ministro, a pedido de seu camareiro, expedir uma ordem em nome do soberano para prender um cidadão honesto, cuja mulher tinha agradado a esse camareiro, que não queria ser incomodado em seus prazeres. O direito do *habeas corpus* constitui na Inglaterra a segurança do cidadão contra o despotismo dos ministros; em virtude desse direito, todo homem aprisionado deve, em 24 horas, ser examinado pelos juízes naturais, e pode obter reparação do ministro quando foi injustamente privado da liberdade.

Etocracia ou o governo fundamentado na moral

Assim, sem justiça não pode haver em um Estado nem liberdade, nem propriedade, nem segurança. A liberdade não pode ser senão o poder de exercer suas faculdades de maneira que não cause dano a ninguém. A propriedade é o direito de possuir justamente ou sem prejuízo dos outros. A segurança pessoal é o direito de não temer nada de ninguém, quando não se faz mal a ninguém.

Por falta de terem dado atenção a esses princípios, vemos, entre os antigos e os modernos, alguns povos que eram considerados livres, que pareciam desfrutar de um bom governo e para a felicidade dos quais nada parecia faltar, mas que, na realidade, não foram de forma alguma felizes, e se viram arrastados para a ruína. A liberdade dos atenienses nada mais foi do que uma atroz licenciosidade, que permitia que um povo sem virtude exercesse suas paixões desenfreadas e suas loucuras contra os melhores cidadãos. Entre os modernos, a liberdade da Polônia consiste no poder que têm os magnatas[7] de tiranizar seus servos e de dilacerar o reino, sem serem reprimidos ou punidos por nenhuma autoridade.

O povo inglês, tão orgulhoso de seu governo livre, não parece ter ideias precisas sobre a verdadeira liberdade, que jamais pode se afastar da justiça e da virtude sem degenerar em licenciosidade e anarquia, que, por sua vez, terminam sempre por levar à tirania. Ser livre não é, de forma alguma, perturbar impunemente o repouso dos cidadãos, insultar o soberano, caluniar os ministros, publicar libelos, incitar rebeliões etc. Ser livre não é poder impudentemente afrontar a decência. Não se é

---

7 Como eram chamados, antigamente, na Hungria e na Polônia, os membros mais importantes da nobreza. (N. T.)

verdadeiramente livre quando não se tem algumas leis que previnam a desordem e os crimes. Não pode haver verdadeira liberdade em uma nação injusta, avara, venal e corrompida. A liberdade não passa de uma arma perigosa quando está nas mãos de cidadãos privados de bons costumes e de razão.

São os bons costumes que fazem os bons cidadãos, ou seja, homens capazes de fazer bom uso da liberdade, incapazes de abusar dela. Somente uma educação moral e nacional pode formar para o Estado súditos honestos e dignos da liberdade. Assim, a educação pública, tão vergonhosamente negligenciada, deveria ser uma das principais preocupações de um bom governo. Sendo o governo justo, deve formar cidadãos que se assemelhem a ele.

Os tribunais, destinados a fazer justiça aos cidadãos, devem ser estabelecidos solidamente pelas leis fundamentais e primordiais de um Estado. Sua sorte não deve depender das fantasias quase sempre injustas das cortes. A justiça é a mais premente necessidade dos povos; não se pode, sem crime, suspender o seu exercício; a justiça deve estender igualmente seu poder sobre todos os cidadãos, que são iguais diante dos seus olhos. As *comissões* particulares, assim como as *evocações*,[8] são meios que não convêm senão à tirania, e que devem ser banidas de todo bom governo.

As leis fundamentais devem fixar os direitos da religião estabelecida em um povo, a condição dos seus ministros e a conduta exterior que eles têm de seguir. Mas essas leis não devem jamais se intrometer nos dogmas, nem pretender fundamentar

---

8 Termo jurídico que designa a transferência de uma causa de um tribunal para outro. (N. T.)

as opiniões dos cidadãos pacíficos; elas devem proscrever para sempre a intolerância, as disputas e as arengas do fanatismo, e sobretudo os furores da perseguição. A tirania sobre o pensamento é a violação mais cruel, mais revoltante e mais inútil da liberdade do homem. Uma nação cristã na qual existem perseguições desconhece ou espezinha as máximas de sua religião. Um governo perseguidor trabalha, evidentemente, para fazer de uma parte de seus súditos inimigos, revoltados. Uma religião intolerante é falsa, e não pode ter sido emanada de um deus que criou o homem para viver em sociedade. Uma religião que inspire o ódio, por causa da diversidade de opiniões, não é feita para seres destinados a se amar e a viver pacificamente uns com os outros sem verem os mesmos objetos da mesma forma.

Em um governo justo e sábio, as leis devem assegurar a liberdade de pensamentos; a liberdade da imprensa não é temível senão para a tirania, sempre inquieta e desconfiada. Um bom governo não teme nem a sátira, nem a crítica, ele tira proveito, com prazer, das luzes e dos projetos que algumas vezes pode lhe apresentar o mais ínfimo dos cidadãos. As leis não devem infamar senão os escritos caluniosos e as obras licenciosas, os únicos que realmente prejudicam a sociedade. As discussões metafísicas convêm apenas a pouquíssimas pessoas, e os escritos políticos podem conter ideias que os homens que governam têm a liberdade de julgar, adotar ou rejeitar. Os sistemas extravagantes são suficientemente punidos com desprezo, ridículo e esquecimento.

Em toda sociedade política, o cidadão deve sacrificar parte de sua propriedade para dar ao governo condição de conservar o que sobrou, de proteger a nação e de manter nela a boa ordem e a segurança etc. Essa contribuição se chama *imposto*. A justiça quer que esse pagamento recaia sobre todos os membros da sociedade, na proporção das vantagens que eles extraem e que o governo lhes assegura. Nos países submetidos à injustiça despótica, alguns tiranos ávidos decidem arbitrariamente quais são as contribuições que devem ser pagas por uma nação que eles tratam como inimiga. Sob tal banditismo, os mais poderosos, os mais ricos e os mais favorecidos — sob o nome de *isenções, privilégios e prerrogativas* — são comumente desembaraçados de uma parcela dos fardos com os quais o camponês indigente é quase sempre sobrecarregado. A lei deve proscrever para sempre os impostos arbitrários, que sempre dependem das paixões do homem revestido com a autoridade. A lei deve fixar invariavelmente o que todo cidadão deve pagar à pátria, na proporção mais justa possível dos bens que ele possui.[9] As isenções, nesse aspecto, são visivelmente ultrajes à equidade, e das quais um governo honesto não deve jamais ser cúmplice. Leis mais justas e morais podem aniquilar pretensos direitos que não passam de usurpações reais, de violações manifestas dos direitos imprescritíveis das nações. O próprio soberano, se justo, deve voluntariamente renunciar a todos os direitos ou prerrogativas que a nação considere contrárias ao bem público, ao qual tudo em um Estado deve estar subordinado.

Sempre guiada pela moral, a legislação deve fazer essas diversas vexações, introduzidas pela conquista, perturbação e violência, desaparecerem. Para não causar nenhum dano aos

---

9 A elaboração de um *cadastro*, fixando as posses dos cidadãos com tanta exatidão quanto possível, é o meio mais seguro para fazer desaparecer a arbitrariedade e para tornar o imposto territorial igual e justo. Será que cada aldeia ou distrito não poderia, com pouco custo, fazer o próprio cadastro, sob os cuidados de um magistrado e de um matemático?

Etocracia ou o governo fundamentado na moral

possuidores atuais desses direitos iníquos em sua origem, que a lei permita ao menos que os camponeses, esmagados por tantos impostos onerosos, sejam exonerados pouco a pouco dessas injustas servidões. A subsistência do cidadão deve ser preferida aos divertimentos dos ricos.

Submetidos a leis particulares, que dependem unicamente das paixões e dos caprichos de um déspota, os exércitos são em geral subtraídos do império dos bons costumes, que deveria comandar todos os cidadãos. O militar despreza a autoridade do magistrado civil, que não está apta a reprimi-lo; ele desconhece quase sempre os direitos da moral e da equidade, dos quais deveria ser defensor e sustentáculo. Uma legislação moral deve submeter os exércitos às mesmas regras que ligam todos os membros da sociedade; ela não deve admitir entre os defensores do Estado senão cidadãos vinculados à pátria, interessados em seu bem-estar e dispostos a conservá-lo; ela poderia, ao menos, exigir essas disposições dos oficiais e dos chefes que orientam a conduta do soldado menos esclarecido. Será que os soberanos mais instruídos sobre os seus verdadeiros interesses não devem ver que exércitos muito numerosos despovoam os Estados, devoram suas nações e impedem as populações de prover suas necessidades? Será que alguns príncipes instruídos pela história de todos os tempos e de todos os países, de todos os déspotas e tiranos, nunca compreenderão que uma soldadesca licenciosa e mercenária foi sempre tão temível para os príncipes quanto funesta para os súditos? *No reinado de um tirano*, diz Tertuliano, *todo homem é um soldado.*

Uma lei moral, básica, permanente, irrevogável, deve proibir para sempre as conquistas; uma nação justa as considera como roubos infrutíferos, que não são apropriados senão para suscitar-lhe diversos inimigos e guerras intermináveis e ruinosas, cujo efeito será sempre o de sacrificar a felicidade social a algumas esperanças incertas ou a alguns temores pouco fundamentados.

Contente de estar à frente de um povo feliz e poderoso, bastante forte para repelir as invasões de seus vizinhos, um soberano virtuoso deve renunciar para sempre às suas pretensões pessoais sobre alguns Estados distantes. A pátria é a verdadeira família do soberano; ele não deve de maneira alguma sacrificá-la a alguns interesses domésticos e privados. Possessões longínquas diminuem as forças de uma nação, e não são apropriadas senão para distrair a atenção do soberano.

Por outro lado, a nação deve proporcionar a seus líderes todo o bem-estar que eles merecem por seu zelo e trabalho. Os povos agradecidos devem cercar o poder soberano com todo o esplendor necessário para torná-lo venerável aos olhos dos estrangeiros e dos cidadãos, mas esse esplendor deve ser proporcional às riquezas das nações. Nada é mais aflitivo para um povo do que se ver na miséria para satisfazer o fausto insultante de um déspota e o luxo de sua corte.

Não é por um esplendor vão, não é por palácios suntuosos, despesas enormes e uma corte faustosa que um soberano pode se fazer ser reconhecido por seus súditos e povos estrangeiros; é pela sabedoria de sua administração, justiça de suas leis e boa escolha de seus ministros que ele torna seu império respeitável e poderoso. É por sua boa-fé, sua fidelidade em seus compromissos e suas virtudes que ele desperta a admiração e a confiança de seus vizinhos, e lhes dá uma ideia elevada de sua nação. Um bom rei faz a glória de seu povo e não pode deixar de fazê-lo ser respeitado no exterior. Sempre se odeia um tirano; seus súditos são objetos de desprezo ou de piedade.

Etocracia ou o governo fundamentado na moral

Para inspirar eficazmente aos príncipes os sentimentos necessários à felicidade dos povos, a lei fundamental deveria, nas monarquias sabiamente constituídas, regular a educação daquele que está destinado, pelo seu nascimento, ao trono. A nação tem direito de zelar pelos primeiros anos daqueles que regularão um dia o seu destino. A má educação que alguns cortesãos aduladores, imbecis ou perversos dão comumente aos príncipes é a fonte ordinária de todas as infelicidades dos povos. O príncipe não pode deixar de se tornar um tirano quando a educação o cega a ponto de persuadi-lo de que seus súditos lhe devem tudo, e de que ele não deve nada a seus súditos.

Tais são, em poucas palavras, os principais objetos dos quais podem se ocupar as leis fundamentais das nações que quiserem tomar a moral, a equidade e a razão como seus guias. As leis formuladas com base nesses princípios tendem a congregar os interesses do soberano e os de seus súditos. Submetendo-se a algumas leis equitativas, renunciando às vantagens enganadoras do despotismo, privando-se do poder fatal de causar o mal e deixando os povos desfrutarem de uma justa liberdade – muito distante da licenciosidade –, os príncipes desfrutam de um poder inquebrantável, de uma felicidade assegurada e de uma ventura sempre desconhecida desses tiranos que reinam tremendo sobre alguns escravos desgostosos, embotados e sem bons costumes. As leis fundamentadas na moral fazem a felicidade constante das nações, dos soberanos, de todas as classes de cidadãos, das famílias e dos indivíduos. Sem moral ou sem virtude, nenhum homem, sociedade e povo podem ser felizes sobre a terra.

Isso posto, vamos examinar atentamente os efeitos vantajosos que algumas leis verdadeiramente justas ou morais seriam capazes de produzir sobre as diferentes ordens dos cidadãos pelos quais uma nação é composta, que uma legislação esclarecida deve convidar e conduzir à virtude. O despotismo e a tirania arrastam os homens para a infelicidade; somente a justiça os governa ou os conduz com brandura em direção à felicidade.

III
Das leis morais para os poderosos de um Estado

A ambição é o desejo natural de todo homem de elevar-se acima de seus semelhantes, de ser eminente entre seus concidadãos, de exercer poder sobre eles. Essa paixão, regulada por justiça e beneficência, é muito louvável; ela não pode ser censurada senão quando, propondo-se o interesse particular, contraria o interesse geral. O governo pode empregar utilmente a paixão, inerente à natureza humana, para efetuar o bem da sociedade. Chamando para os cargos da administração apenas os cidadãos mais eminentes por seus talentos e bondade de caráter, um Estado logo se encherá de súditos apropriados para ocupá-los dignamente.

O soberano tem dois meios de agir totalmente sobre as paixões de seus súditos: pelos castigos, de um lado, e pelas recompensas, de outro. As honrarias, as dignidades, a posição social, a reputação, o favor, os títulos, os cargos na corte e a nobreza – ou seja, tudo aquilo que distingue um homem e lhe dá poder – devem ser considerados como recompensas. Tudo o que priva um cidadão dessas vantagens é um verdadeiro castigo; o homem não pode, sem desgosto, decair da grandeza. Para um cortesão, cair em desgraça junto ao príncipe é uma punição tão grande quanto um suplício doloroso.

Por um efeito ordinário, o poder inebria o homem e faz que ele esqueça os seus deveres; quanto mais tem domínio sobre os outros, menos se crê obrigado a ter para com eles alguma consideração, algum comedimento e mesmo a equidade. Envaidecido pelo favor e pela proteção do senhor, imagina não ter necessidade de ninguém; o amor-próprio o persuade de que o seu favorecimento é feito para não ter mais fim. Logo ele se descuida e, seguro de ficar impune, entrega-se à maldade. É assim que as grandes posições corrompem quase sempre as mais excelentes naturezas e transformam algumas vezes as pessoas de melhor caráter em homens muito perigosos.

Não se contentando em prestar atenção na escolha das pessoas às quais ele concede a sua confiança, o soberano deve ainda prever e prevenir as alterações que o poder pode produzir nos sentimentos e na conduta delas. O soberano deve zelar incessantemente por aqueles que ele encarregou de zelar pelos outros. Sempre desconfiando das suas próprias paixões, das suas próprias inclinações, da sedução que o cerca, o bom príncipe não deve perder seus ministros de vista. Zelando por sua conduta, ele cumpre seu dever e zela suficientemente por toda a nação; ele dá todos os cuidados que pode à administração de um grande Estado, do qual nenhum homem sozinho é capaz de abarcar todos os pormenores.

Uma das maiores desgraças ligadas aos reis é não ouvir a verdade. A etiqueta orgulhosa que, em geral, os rodeia não permite que ninguém, além dos ministros e poderosos, se aproxime de sua pessoa, com isso, os gritos do povo quase nunca são ouvidos por aqueles que podem cessá-los. Os favoritos e os cortesãos, quase sempre muito criminosos, cercam assiduamente o

Etocracia ou o governo fundamentado na moral

trono e fazem, por assim dizer, um *monopólio* do soberano; que não parece reinar senão para aqueles que o rodeiam.

Todo soberano deve ser o homem de seu povo; ele não pertence exclusivamente a alguns ministros que podem enganá-lo ou a alguns cortesãos sempre prontos a seduzi-lo. Assim, em todo governo justo, as barreiras do trono deveriam se abrir a todos os cidadãos. O príncipe é feito para ouvir as queixas de seus súditos; leis constantes deveriam impor-lhe cumprir essa obrigação, importante para a sua felicidade e a do Estado, e para a sua própria segurança. Será que não existem, pois, alguns ministros que, sem o conhecimento de seu senhor, exerçam uma tirania que torne o soberano odioso a seus súditos? Será que não existem alguns poderosos que, por seu nascimento e sua reputação, estão algumas vezes autorizados a cometer crimes? Será que inumeráveis exemplos não provam que os reis foram muitas vezes vítimas dos complôs de seus cortesãos mais favorecidos?

Um bom monarca não tem amigo mais sincero que seu povo. É unicamente a tirania, sempre desconfiada, que deve tornar o príncipe inacessível a seus súditos. No entanto, não existe precaução que possa protegê-lo dos golpes do desespero. Aquele que é inimigo de todos os súditos deve temê-los. A forma mais segura para o soberano é ser bom. *A justiça*, disse um grande homem, *é a bondade dos reis.*[1] Essa bondade faz a sua segurança.

Assim, o príncipe nada arrisca e pode ganhar muito ouvindo as queixas e as aspirações de seus súditos. As queixas podem ser bem ou mal fundamentadas, essas aspirações podem ser imprudentes;

---

1 Cf. *Remontrances de la cour des Aydes de Paris*, 1771, atribuídas ao presidente Chrétien Guillaume de Lamoignon de Malesherbes (1721-1794), atualmente ministro de Luís XVI e o Aristides dos franceses.

o soberano deve pesá-las, mas não as submeterá ao julgamento dos acusados, ou de um conselho quase sempre interessado em sufocar os gemidos dos infelizes e em salvar os culpados ilustres. Ele verificará cuidadosamente os fatos, entregará os crimes à decisão dos tribunais legítimos, punirá as negligências e as faltas menos graves, seja por meio de algumas correções secretas, seja por um desagrado manifesto que anuncia a seu povo que ele o ama e que seus olhos estão sempre abertos para zelar por sua segurança.

Por outro lado, as leis devem castigar rigorosamente os impostores, os caluniadores infames que, sem outro motivo que alguns ódios pessoais ou paixões ocultas, semeiam a desconfiança entre o príncipe e seus colaboradores. É sem dúvida punível o crime desses vis delatores que a inveja arma contra os que estão no poder. Os ministros mais íntegros são os mais expostos ao ódio de uma multidão de cortesãos, que não prosperam senão em meio à desordem do Estado. O retorno da boa ordem é a maior das desgraças aos olhos dos cortesãos corrompidos.

É sobretudo para a conduta e os costumes desses homens arrogantes, ávidos, inquietos, intrigantes e desocupados – dos quais as cortes estão repletas – que o soberano justo deve voltar seu olhar. Bem longe de conceder privilégios, que quase sempre são o direito de fazer o mal impunemente, os príncipes devem redobrar a severidade para punir os poderosos cujo exemplo influi diretamente sobre os costumes das nações. Basta um cortesão perverso, um alcoviteiro degenerado ou um intrigante audacioso, revestido de grande poder, para corromper toda uma cidade, toda uma província. Diante da visão desse subtirano, o pudor é forçado a fugir: as mulheres se entregam ao adultério, elas são arrancadas dos braços de seus maridos; as moças

Etocracia ou o governo fundamentado na moral

inocentes se tornam presa dos sedutores; e, para completar a destruição dos costumes, o luxo se estabelece nas moradas outrora habitadas pela moderação, pelo trabalho e pela economia.

Que degradação bastante solene ou, melhor ainda, que castigo não merece um cortesão, um poderoso que possa ser comprovadamente acusado de ter putrificado uma imensa massa de cidadãos? No entanto, garantido por sua reputação ou pela indulgência do governo, um tal homem desfruta da impunidade e, congratulando-se por seus delitos, mostra sua fronte audaciosa ao público indignado!

Um soberano virtuoso não deve conceder favores, reputação e autoridade a não ser a algumas pessoas dispostas a representá-lo dignamente aos olhos de seus súditos. Os costumes dos homens encarregados dos detalhes da administração devem anunciar aos povos os costumes de seus senhores: que ideias esses povos formarão do monarca se eles não veem nos poderosos que ele lhes envia senão tiranos ávidos, dissolutos, mergulhados na devassidão, desprovidos de mérito e de virtudes? Que ternura pelo príncipe, que opinião sobre o seu governo poderão ter alguns cidadãos sem recurso contra a opressão e a violência, quando virem que suas queixas serão vãs contra a reputação, o favorecimento e a intriga que os esmagam?

A reputação na corte não é, comumente, senão o poder de oprimir, de fazer triunfar os empreendimentos injustos e difíceis, de violar todas as regras, de transpor pela força ou pela intriga os obstáculos que a equidade impõe às pretensões.[2] Uma

---

2 São conhecidas as palavras da princesa de Ursins, favorita de Felipe V, que, solicitada a fazer ser bem-sucedido um caso justo e fácil, não quis se envolver nele e disse: "Eu nunca me envolvo senão em casos injustos e impossíveis".

grande reputação junto ao príncipe significa comumente abusar de sua confiança ou de sua ingenuidade para levá-lo a cometer algumas injustiças, a passar por cima dos direitos alheios e a cometer algumas tolices para fazê-lo ser criticado ou desprezado. Todo soberano que se deixa governar por algumas mulheres ou por alguns favoritos logo perde a consideração e o amor de seus súditos; esses últimos se tornam comumente as vítimas de sua fraqueza. Não existe nada mais infeliz que uma nação cujo príncipe tem necessidade de se deixar governar.

As intrigas e as conspirações, que tantas vezes vemos reinarem nas cortes, denunciam sempre a perversidade dos cortesãos e a incapacidade do senhor. As vias oblíquas e os manejos tortuosos revelam desígnios injustos que não se ousa de maneira alguma confessar: é preciso, então, alguns desvios e astúcias para manipular o príncipe, ou para montar-lhe armadilhas. A virtude, simples em sua marcha, está sempre acompanhada pela retidão; a mentira, a impostura, a traição e a patifaria são obrigadas a se ocultar em caminhos tenebrosos. As cortes dos príncipes fracos tornam-se palco de conspirações, guerras subterrâneas de uma multidão de cortesãos, perpetuamente ocupados em suplantar uns aos outros, em arrancar o poder uns dos outros e em se destruir mutuamente no espírito flutuante de um senhor sem princípios e sem visão. No reinado desses soberanos, o bem público é totalmente negligenciado por alguns ministros que perdem todo seu tempo em intrigas, o Estado é a todo momento sacrificado em favor de projetos iníquos de alguns favoritos que querem se manter, o príncipe se torna joguete desprezível de alguns patifes que zombam impudentemente dele e de seus súditos. As intrigas decaem, ou se tornam inúteis, no reinado dos monarcas firmemente apegados à justiça e guiados

Etocracia ou o governo fundamentado na moral

pela virtude. O olho do senhor é feito para dissipar os complôs prejudiciais tanto a seu povo quanto a ele.

As pessoas revestidas de autoridade, destinadas por sua condição a dar o exemplo às outras, a se entregar a algumas ocupações sérias, devem mostrar costumes honestos, jamais se afastar da decência e da gravidade que convêm aos homens encarregados dos penosos cuidados da administração; tarefa tão vasta, nobre e sublime deve afastá-los da baixa intriga e das conspirações, que não são feitas senão para alguns cortesãos inquietos e desocupados. Um homem de Estado deve se respeitar quando quer atrair para si o respeito dos cidadãos. A leviandade, a fatuidade, as mesquinharias e as extravagâncias do luxo são incompatíveis com a dignidade que deve ter uma cabeça repleta de objetivos importantes. Os seres frívolos, indiferentes ao bem público e insensíveis à verdadeira glória, não podem servir utilmente a pátria. Os intrigantes, os devassos, os homens dissipados e entregues às mulheres não são, de maneira alguma, feitos para governar impérios. Alguns ministros dessa têmpera levam alegre e prontamente um Estado à ruína.

A vigilância do soberano deve ainda estender-se ao longe, sobre os depositários da autoridade que, por suas funções, estão fora de sua vista e que são os mais sujeitos a cometer abuso condenável do poder que lhes é confiado. Eles se gabam de que as queixas dos cidadãos intimidados jamais chegarão ao trono, mas o príncipe se lembrará de que deve igual justiça a todos os súditos e que as províncias mais longínquas têm tanto direito a sua proteção quanto a sua capital ou a sua corte.

Um governo justo deve deixar que as leis mais severas atuem contra os poderosos que se tornarem corruptores públicos, quando deveriam ser os defensores da justiça, os protetores

Barão de Holbach

da inocência e os conservadores dos bons costumes. Os reis, para serem queridos e respeitados por seu povo, devem fazer de seus palácios santuários nos quais nada de impuro pode entrar, devem excluir deles os devassos, adúlteros, sedutores e pessoas desacreditadas pela licenciosidade. Que a morada augusta do legislador esteja para sempre fechada a esses violadores das leis que, à sombra de sua posição ou de seu nascimento, acreditam que tudo lhes é permitido. Que a porta do soberano, aberta a todo cidadão útil, esteja fechada para sempre a esses ladrões públicos, a esses escroques com títulos que, para saciar suas paixões ou seu fausto insolente, se recusam a pagar suas dívidas e transformam em brincadeira arruinar cidadãos honestos.

Se os príncipes devem ter os olhos abertos sobre os poderosos que estão próximos a eles, e sobre aqueles que dividem com eles os cuidados da administração, esses últimos são obrigados, por sua vez, a zelar pelos agentes que empregam, porque são responsáveis por sua conduta perante o soberano e a sociedade. Se o mau ministro prejudica a glória de seu senhor, o subalterno criminoso desonra aquele que tem a imprudência de se servir dele. Os homens sem educação e sem princípios, que as pessoas com cargos de autoridade são muitas vezes forçadas a empregar, são mais sujeitos que outros a abusar vergonhosamente da porção de poder que lhes é confiada. Daí resulta a corrupção criminosa de tantos esbirros desprezíveis, que a polícia é obrigada a acionar para descobrir ou reprimir os vícios e os delitos dos cidadãos a fim de conservar a tranquilidade pública.[3]

---

3 Na França do século XVIII era frequente a presença de espiões da polícia em todos os círculos sociais, a fim de identificar os descontentes e neutralizar eventuais conspirações. (N. T.)

Etocracia ou o governo fundamentado na moral

Para exercer um ofício ignóbil e desprezível, a autoridade se vê coagida a recorrer a alguns seres abjetos, que o poder que eles exercem torna insolentes, e cuja avidez cobra um tributo dos culpados. Castigos rigorosíssimos deveriam punir esses agentes subalternos da autoridade pública. Sob o despotismo e a compra de cargos uma nação se enche de pequenos tiranos arrogantes que, se sentindo protegidos, fazem impunemente a guerra a todos os cidadãos e tiram proveito deles. A sociedade torna-se, então, vítima de uma multidão de espiões, de delatores e de patifes autorizados que perturbam a todo momento a felicidade pública e privada, sob o pretexto de assegurar a tranquilidade do Estado. O soberano e seus ministros não têm nada a temer dos bons cidadãos, quando governam com equidade.

IV
Das leis morais para a nobreza

Talvez fosse vantajoso para as nações que não houvesse nobreza hereditária, e que ela se tornasse pessoal para aqueles que, servindo utilmente o Estado, merecessem ser distinguidos dos cidadãos comuns. Será que o mérito muito duvidoso dos primeiros nobres de um Estado, os pretensos serviços que eles prestaram à pátria, deve ser recompensado infinitamente em uma posteridade quase sempre inútil a seu país? Será que alguns títulos e pergaminhos antiquados, conservados em castelos góticos, dão àqueles que os herdaram o direito de aspirar às posições mais eminentes da Igreja, corte, toga ou espada, sem terem, aliás, nenhum dos talentos necessários para preenchê-las dignamente? Porque alguns nobres guerreiros outrora contribuíram, com o risco de morte, para conquistar um reino ou para pilhar algumas províncias, será necessário que seus descendentes ainda se acreditem, depois de tantos séculos, no direito de maltratar seus vassalos, de oprimir alguns camponeses e de exigir deles alguns direitos incômodos e servidões cruéis, enfim, de lançar sobre a indigência laboriosa alguns impostos que a riqueza deveria suportar sozinha?[1]

Deixemos à justiça dos legisladores o cuidado de pesar essas pretensões. Que eles examinem se elas não se chocam frontalmente com a felicidade nacional, que eles julguem com sangue-frio se a nobreza transmitida pelo nascimento não é feita para inspirar uma tola vaidade naqueles que dela desfrutam, e para aviltar e desencorajar a multidão dos cidadãos que dela se encontram privados.

Se a nobreza deve ser transmitida com o sangue, se ela anuncia o mérito e as virtudes dos antepassados, o legislador deveria ao menos tirar as prerrogativas daqueles que nada fazem pelo seu país e degradar com ignomínia todo nobre conspurcado pelas baixezas e pelos crimes. Será que existe uma contradição mais forte que alguns nobres vilmente interesseiros, desprovidos de elevação de alma, de generosidade, de amor pela pátria, de apego ao bem público, de zelo pela liberdade e de afeição por seus concidadãos?[2] Será que essas disposições, pelas quais todo homem verdadeiramente nobre e bem nascido deveria se distinguir, são compatíveis com o espírito de servilismo que se encontra quase

---

1 Na Grã-Bretanha, os *lordes* ou *pares*, tendo cadeira e sufrágio na câmara alta do parlamento, são os únicos que podem ser considerados nobres. Os *gentlemen* ou fidalgos das mais antigas famílias não são distintos de outros cidadãos. Os irmãos de um senhor ou de um nobre não têm nenhuma posição no Estado a não ser a que eles adquirem por seus serviços ou sua capacidade pessoal. Nos governos orientais, são apenas os cargos que constituem a nobreza, que não é hereditária.

2 A palavra *nobre* — em latim, *nobilis* — vem de *notus*, conhecido, notável, digno de consideração. A palavra *generoso* vem da palavra latina *genus*, estirpe. Acreditou-se que a estirpe ou o nascimento impunha a alguns cidadãos o dever de se distinguirem e de se tornarem conhecidos por alguns sentimentos mais elevados que os dos outros homens.

Etocracia ou o governo fundamentado na moral

sempre nos poderosos aviltados aos pés do despotismo e da tirania, em uma nobreza orgulhosa de seus grilhões, arrogante na sociedade, desdenhosa para com o resto dos cidadãos? *Não existe nenhuma*, diz um antigo, *escravidão mais desprezível do que aquela que é voluntária*. No entanto, é aquela da qual se vê tantos nobres se orgulharem, parecendo extrair toda a glória do privilégio sublime de rastejar na corte. Os preconceitos cegaram de tal modo a nobreza que ela pretende que a sua própria baixeza deva exaltá-la. Os nobres que têm a vantagem de mendigar em torno do trono e de se curvar sob a mão dos tiranos e dos seus indignos favoritos acreditam serem mais ilustres ou mais qualificados que os que desfrutam em seus domínios da independência e da liberdade!

Alguns soberanos imprudentes muitas vezes acreditaram nesses preconceitos. Eles não tiveram olhos senão para aqueles pelos quais estavam rodeados, acreditaram ver toda a sua nação em uma corte, em seus criados, no vão cortejo ao qual eles se persuadiram de que a sua glória estava necessariamente vinculada. Uma opinião tão pueril e tão falsa teve em quase todos os países as consequências mais deploráveis para as nações, os soberanos e os próprios cortesãos. Os povos esquecidos foram entregues à avidez dos poderosos, ou seja, dos servidores dos reis, dos oficiais do príncipe. Esses criados favorecidos se tornaram os donos da casa, fizeram a lei para os monarcas e oprimiram os povos que ficaram sem protetores naturais. Assim se formou o banditismo sistemático conhecido sob o nome de *governo feudal*, do qual ainda se encontram alguns traços mais ou menos marcantes em todos os Estados modernos.[3]

---

3 Esse governo maravilhoso ainda subsiste em toda a sua loucura na Polônia, que hoje apresenta a toda a Europa o espetáculo deplorável dos

Os nobres ligados à corte exercem muitas vezes um abuso de liberdade injusto e funesto para os soberanos, que, graças às suas pretensões orgulhosas e às suas exigências multiplicadas, ficam empobrecidos e caem na penúria, mesmo no seio das nações mais opulentas. Essas nações, apesar do seu trabalho, do seu esforço e dos impostos pelos quais estão sobrecarregadas, não podem jamais satisfazer a voracidade de uma multidão de nobres ou de escravos arrogantes, que incessantemente se opõem à economia, à boa ordem e ao alívio dos povos.

A injustiça termina sempre por fazer apenas infelizes. Mesmo o príncipe mais pródigo com as riquezas de seu povo nunca está em condições de enriquecer todos os seus cortesãos. Se existem alguns favoritos que enriquecem à custa da pátria, a maior parte se arruína tentando obter os despojos nacionais. Além do mais, mesmo os cortesãos que o soberano atraiu com suas graças, arrastados pela vaidade, pelo gosto da exibição, por um luxo sem limites e pelo vício, se encontram incessantemente mergulhados na miséria. Em geral, não se vê nas cortes senão uma pobreza real, oculta pelas aparências do fausto e da magnificência.

Essas reflexões, que provam o que de fato acontece, deveriam sem dúvida abrir os olhos dos soberanos, que imaginam que o esplendor do trono exige que ele seja perpetuamente importunado por legiões de nobres e de poderosos que nunca estão contentes. Essas reflexões deveriam fazer esses nobres sentirem que é pouco digno mendigar vergonhosamente, sacrificar sua

---

males que uma nobreza turbulenta, delirante e dividida, que seu chefe não tem força para reprimir, pode fazer à sua pátria. O despotismo vem comumente pacificar as perturbações incitadas pelos nobres; a tirania substitui a anarquia.

Etocracia ou o governo fundamentado na moral

fortuna a algumas esperanças duvidosas, atormentar-se, conspirar e intrigar covardemente para obter algumas riquezas, que serão prontamente dissipadas e que não lhes proporcionarão honra ou bem-estar.

Enfim, os soberanos, mais justos pelos seus próprios interesses, deveriam obrigar os nobres a renunciar às diversas injustiças que uma longa posse faz que eles as considerem como seus direitos. Os soberanos deveriam fazê-los sentir que a equidade natural e os direitos das nações jamais prescrevem. Deveriam mostrar-lhes que, mesmo após mil anos, uma usurpação não pode se transformar em um direito verdadeiro. Deveriam convencê-los de que alguns privilégios, obtidos ou extorquidos dos monarcas por uma nobreza turbulenta, são nulos a partir do momento em que são prejudiciais a toda uma nação, à qual o próprio príncipe não tem o direito de causar dano. Deveriam fazê-los entender que uma justiça esclarecida pode aniquilar algumas prerrogativas concedidas pela injustiça, pela fraqueza ou pela indulgência cega. Enfim, um legislador, instruído pelos erros de seus predecessores, deveria ensinar a todos os nobres de hoje que os pretensos direitos de que gozavam seus antepassados — e aos quais a vaidade, a ignorância e o preconceito ainda os prendem tão fortemente — são evidentemente contrários aos seus verdadeiros interesses, expõem a nobreza ao ódio dos cidadãos, causam dano à sociedade, desolam o camponês, são entraves para o comércio, se opõem à indústria, impõem obstáculos à abundância e à felicidade gerais, diminuem realmente as rendas, a comodidade e o bem-estar dos nobres.

Existem todos os motivos para crer que a nobreza, assim desenganada de seus antigos erros, renunciaria, para sua própria vantagem, a essa multidão de direitos *honoríficos* — ou, antes,

Barão de Holbach

quiméricos – que, incômodos para os povos, causam dano a ela própria. Então, muitos príncipes e senhores, ciosos do *direito de caça*, reconhecerão que esse direito nada mais é que o de devastar os campos, tornar as terras estéreis, exercer uma tirania inútil, atrapalhar a agricultura, se privar – por um magro prazer – de uma renda considerável e tornar mais raros os meios de subsistência necessários a todos os cidadãos. Então, esses nobres perceberão o absurdo de tantas *servidões, censos, corveias, banalidades,*[4] *pedágios* etc., ou seja, uma multidão de direitos bárbaros, que só lhes proporcionam a vantagem de atormentar seus vassalos sem nenhum proveito real.[5]

Se alguns nobres, dos quais o soberano quisesse tirar alguns direitos nocivos, reclamassem os sagrados direitos da propriedade, ele lhes responderia que a propriedade nada mais é que o direito de possuir com justiça, que aquilo que é contrário à felicidade nacional nunca pode ser justo, que aquilo que causa dano à propriedade do camponês não pode ser considerado um direito, não passa de uma usurpação, uma violação de seu direito, cuja conservação é mais útil à nação que a das pretensões

---

4 No feudalismo, o direito que tinha um senhor de obrigar os vassalos a usar seu moinho, forno e outras instalações mediante pagamento. (N. T.)

5 Faz pouco tempo que os camponeses da Boêmia e da Morávia amotinaram-se contra seus senhores, para os quais eles eram obrigados a trabalhar cinco ou seis dias por semana. Essa revolta foi acompanhada de devastações que arruinaram vários senhores, e de crueldades inauditas. Um governo sábio teria prevenido todas essas desgraças se tivesse incentivado ou obrigado a nobreza dessas regiões a se comportar de maneira mais equitativa para com alguns homens que ela tratava como bestas. Cf. brochura publicada recentemente de Pierre-François Boncerf, *Inconvenientes dos direitos feudais*, Paris, 1775.

de um pequeno número de senhores que, pouco contentes de não fazerem nada, se opõem aos trabalhos mais importantes para eles mesmos e para a sociedade. Será que os poderosos e os ricos jamais perceberão que não seriam nada sem os trabalhos dos indigentes?

É ao legislador soberano que cabe instruir os cidadãos, mostrar-lhes que, em qualquer posição na qual estejam situados, seus interesses estão sempre unidos aos da pátria. Ele deve ensinar aos nobres que os abusos não podem subsistir para sempre, que a injustiça tem o seu fim, que toda a tirania deve acabar, mais cedo ou mais tarde, se autodestruir.

Será que a autoridade, tantas vezes empregada para fazer a injustiça triunfar, jamais se manifestará para valer os direitos da equidade? Uma administração mais justa para as nações, e menos parcial para os nobres, faria que estes sentissem a iniquidade das isenções que os dispensam dos impostos pelos quais o pobre é esmagado. Será que semelhantes privilégios e imunidades tão revoltantes não deveriam envergonhar alguns seres nos quais o preconceito não tivesse apagado todo o sentimento de equidade, de razão e de humanidade?[6]

São esses sentimentos, quase sempre aniquilados nos corações dos nobres e dos proprietários opulentos, que o governo deve despertar — ou, antes, semear. Deve o governo sufocar até as sementes do orgulho hereditário, que faz que os nobres acreditem que o nascimento lhes confere superioridade essencial e

---

6 Essas isenções estão fundamentadas no fato de que antigamente os nobres eram obrigados a custear a guerra, ao passo que atualmente os exércitos estão a soldo do príncipe e que o nobre não é mais obrigado a servir. São sempre os mais ricos que contribuem menos para as necessidades do Estado.

Barão de Holbach

real sobre seus concidadãos. Nesse caso, desenganados de seus vãos preconceitos, eles procurariam valer alguma coisa, se distinguir por si mesmos; não teriam mais, pelos talentos e pela ciência, o desprezo profundo que os vemos mostrar frequentemente. Não se glorificariam mais de uma ignorância gótica e bárbara que os faz definhar na ociosidade, fonte de tantos vícios. Enfim, obrigados a se instruir e a serem úteis para obter as distinções, as recompensas e as honrarias que o soberano distribui, eles se esforçariam para merecê-las por meio de algumas virtudes mais reais que as anunciadas por velhos títulos ou pergaminhos gastos. É assim que os nobres, unidos por interesses a todas as ordens do Estado, serviriam realmente à pátria e a seu chefe, se transformariam em cidadãos e se tornariam verdadeiramente dignos da consideração pública.

Porém, longe de eliminar os preconceitos orgulhosos da nobreza, os governos parecem querer fortalecê-los cada vez mais. Os enobrecimentos, os títulos e os diplomas se multiplicam todos os dias, os príncipes fazem disso um comércio; todo homem pode se enobrecer pelo dinheiro. Assim alguns legisladores cobram tributo sobre a vaidade dos cidadãos, quando na verdade deveriam se livrar dela!

Embora a nobreza e seus títulos não sejam senão uma vã fumaça, os soberanos, se tivessem sido menos pródigos, poderiam ter se servido dela com sucesso para recompensar o mérito e a virtude. Mas será que a virtude pode deixar de desprezar títulos vãos, vendo-os muitas vezes serem prostituídos a homens viciosos, ou a novos-ricos cujos desgraçados talentos deveriam ser punidos ou desprezados, em vez de serem encorajados? Pela imprudência e avareza dos príncipes, a nobreza tornou-se distinção frívola e ridícula que, não supondo nem talento, nem

Etocracia ou o governo fundamentado na moral

mérito pessoal naquele que a compra ou a obtém, não serve senão para aumentar o número de inúteis, ociosos, maus cidadãos e impertinentes que faltam aos seus deveres, que se acreditam muito acima dos plebeus mais honestos, sobre os quais jogam os impostos que deveriam pagar ao Estado.[7]

As distinções são sedutoras para a ambição dos homens. O legislador pode, portanto, empregá-las com sucesso para tornar os cidadãos úteis ou virtuosos. Se a nobreza, as dignidades e as condecorações de toda espécie fossem concedidas apenas àqueles que se fizessem notar por suas qualidades pessoais, todo nobre seria um homem verdadeiramente estimável; seus concidadãos reconhecidos seriam forçados a aplaudir, mesmo a despeito da inveja, o julgamento do soberano.

Privando os nobres do direito de causar dano ou de manifestar um desprezo insultante pelos concidadãos, o legislador diminui a inveja e o ódio que alguns homens desdenhados são forçados a sentir por aqueles que os oprimem ou que os tratam de maneira arrogante e pouco sociável. Enfim, se o soberano não espalha honrarias e graças, ele dá à nobreza grande brilho apenas sobre os nobres que mais se distinguem pela nobreza de sua conduta, por sua generosidade, humanidade benfazeja, afabilidade e grande zelo pela pátria.

---

7 Na França, um nobre não é submetido à *talha*.* Um nobre polonês, ainda que tenha renda de milhões, contribui para os encargos públicos apenas com o que quer. O nobre da Alemanha obriga seus camponeses a pagarem tudo por ele. Assim são os abusos enraizados em algumas nações que acreditam ter saído da barbárie!

* No Antigo Regime, imposto que era cobrado de todos aqueles que não eram nobres, eclesiásticos ou desfrutavam de alguma isenção. (N. T.)

Segundo as ideias comuns a tantos nobres vulgares, viver nobremente é não saber nada e não fazer nada; é ir algumas vezes à guerra; é vegetar assiduamente, intrigar, conspirar na corte; é mostrar em público trajes magníficos, carros de luxo, criados e cavalos; é se arruinar no jogo ou com mulheres perdidas; é se afundar em dívidas e frustrar seus credores; é roubar e trapacear. Por uma estranha inversão de ideias, pareceria que um homem de qualidade não deve se fazer conhecer senão por um desprezo desdenhoso por todos os talentos úteis e por todas as virtudes necessárias a todo bom cidadão.

O combate da moral contra essas ideias absurdas é inútil se os seus preceitos não forem apoiados pelo poder soberano. Uma voz forte, que se faz ser ouvida, faz tantos nobres cegos compreenderem que ignorância, preguiça e incapacidade não são feitas nem para tornar ilustre, nem para dar direitos aos benefícios do Estado; que fatuidade, ostentação, devassidão e jogo não são motivos para obter as recompensas do governo; que a nação não é obrigada a pagar as dívidas ou a *arranjar os negócios* de um tolo ilustre que se arruinou; que a patifaria não é um título de nobreza, e que o desprezo pela virtude ou por seus concidadãos não demonstra a grandeza dos sentimentos.

Em um Estado sabiamente organizado, todos os homens, de todas as condições, deveriam recordar que eles são concidadãos, feitos para agir de comum acordo em favor do interesse geral, destinados a ajudar uns aos outros, a se amar, e que uma vaidade pueril não pode jamais afastá-los uns dos outros sem um perigo recíproco. Afabilidade, generosidade, beneficência, boa-fé e grandeza de alma são os verdadeiros títulos de nobreza. Se esses títulos se encontrassem em muitas famílias ilustres, se pudessem ser transmitidos com o sangue, a nobreza não seria

Etocracia ou o governo fundamentado na moral

mais uma quimera, o respeito que se teria por ela seria um ato de justiça, não o efeito de um preconceito; os brotos de um caule virtuoso, andando nos rastros de seus ancestrais, desfrutariam do reconhecimento, da veneração e do amor dos povos com muito mais razão que os descendentes orgulhosos desses antigos guerreiros que ainda se fazem pagar pelo mal que seus turbulentos ancestrais fizeram às nações. É doce carregar o nome de um cidadão do qual a história perpetuou as ações nobres e virtuosas, mas não é glorioso carregar o nome de um homem que só se fez conhecer por alguns atos de uma perversidade memorável.

Em poucas palavras, uma legislação em conformidade com a moral deve empregar todos os meios para incitar à virtude todas as ordens de cidadãos. Se o corpo da nobreza é o verdadeiro viveiro dos guerreiros, o governo não deve jamais suportar que os defensores da pátria se tornem seus opressores e tiranos. Residir habitualmente em suas terras, nelas reanimar a agricultura expirante, aliviar seus vassalos sobrecarregados, criar estabelecimentos úteis, fundar manufaturas, fornecer trabalho à indigência, espalhar benefícios, seria para a nobreza opulenta uma ocupação mais digna, mais digna das honrarias e das recompensas de um bom governo, do que ir arruinar-se e perverter-se na corte. Tornar os poderosos e os nobres verdadeiramente úteis é um problema cuja solução seria muito importante para a felicidade de um Estado.

V
Das leis morais para os homens de guerra

As regras da moral parecem, à primeira vista, totalmente incompatíveis com a vida de um homem de guerra. Os soberanos parecem, com efeito, ter se esquecido completamente dos costumes do defensor da pátria. Contentando-se em submetê--lo a uma disciplina severa, eles quase sempre negligenciaram inspirar os sentimentos que todo cidadão deve ter por seu país, e o respeito que exigem as virtudes sociais. Diríamos que o despotismo se propôs a não fazer de seus guerreiros senão instrumentos cegos de suas vontades arbitrárias, ignorantes estúpidos, seres que não tivessem nenhuma ideia do justo e do injusto – em suma, autômatos ou, antes, bestas cheias de ferocidade.

Se essa medonha política está em conformidade com as sinistras intenções dos tiranos, ela não pode ser adotada por soberanos legítimos, nem por governos que tomarem a moral e a razão como guias. Os soberanos legítimos reconhecerão a importância de formar o coração e o espírito de uma nobreza cidadã, da qual a honra – sempre inseparável da virtude – deve ser o primeiro motor. Eles sentirão que, sem bons costumes e sem virtudes nos exércitos, o soberano e a nação estariam expostos a todo momento às empresas impetuosas de um bando de salteadores, dos quais seria impossível deter os furores.

A disciplina, é verdade, acostumando o militar ao jugo da obediência, influi poderosamente sobre ele. No entanto, por mais severa que seja a disciplina, ela não é capaz de conter as paixões com tanta força quanto alguns princípios honestos inspirados desde a infância, fortalecidos pelo hábito, confirmados pelo exemplo e munidos de recompensas e castigos da lei, ou seja, corroborados por toda a autoridade do governo.

Depende sempre de um soberano vigilante tornar o militar disciplinado tanto em seus costumes quanto em seus exercícios ou nos deveres da sua condição. Se a esperança de uma promoção, distinção, condecoração ou pensão modesta é capaz de fazer um oficial bem-nascido se dobrar ao jugo de uma subordinação exata, de fazê-lo levar muitas vezes uma vida duríssima, de fazê-lo até mesmo enfrentar os perigos e a morte, será possível duvidar que os mesmos meios possam levá-lo a se instruir e conduzi-lo à virtude, que é sempre o efeito das luzes e da instrução?

A fonte dos males dos homens se encontra na sua ignorância. É esclarecendo-os sobre os seus verdadeiros interesses, é ensinando-os a pensar, a raciocinar, que se pode esperar torná-los mais justos, sociáveis e dispostos a cumprir alguns deveres bem conhecidos. Em geral, o militar só é desprovido de bons costumes porque não se preocupam em instruí-lo; imagina-se que um jovem destinado às armas não tem necessidade de conhecimento, o nascimento lhe basta. Não se exige que ele tenha recebido uma educação esmerada, que, aliás, pais pouco ricos

Etocracia ou o governo fundamentado na moral

dificilmente podem lhe dar. Não se incomodam com o caráter, nem com os costumes.[1]

Para remediar esses inconvenientes, cujas consequências são funestas, não se deveria admitir na condição tão nobre de defensores da pátria senão alguns jovens bem-educados, nos quais se acredite ver disposições honestas, corações bem formados, caráter favorável e suscetível de ser cultivado. Essas disposições merecem, sem dúvida, ser mais consideradas que o nascimento, que, bem longe de transmitir qualidades sociáveis, quase sempre não serve senão para fazer homens vãos, temperamentais, arrogantes, incômodos para seus camaradas e mais ainda para outros cidadãos.

Em um vasto império, que contenha nobreza muito numerosa, ou então, na falta dela, grande número de famílias honestas, embora menos distintas, o governo não pode deixar de encontrar súditos tais como ele deseja para lhes confiar suas tropas. Porém, na falta dos pais, que muitas vezes negligenciam seus filhos, o Estado deve se encarregar da educação militar, e fazer de maneira que aqueles que ele destina à segurança pública adquiram desde cedo os princípios e os conhecimentos necessários para se tornarem homens instruídos, bons oficiais e, sobretudo, bons cidadãos.[2] Segundo um autor moderno, "O

---

1 Encontramos em Brantôme – escritor, aliás, pouco exigente em moral – uma passagem digna de ser mencionada: "De má vontade, uma alma, ou consciência, cauterizada por algum grande crime, aceita algum valor dentro de si; que, se ela o teve outrora, o repeliu quase sem admitir, e está em perpétua apreensão e tormento". Cf. Pierre de Brantôme, *Les vies des hommes illustres et grands Capitaines Français de son temps*, t.IV, p.197.

2 Alguns soberanos, em diversos Estados, fundaram *escolas militares*, ou estabelecimentos destinados a formar oficiais. Porém, esses estabelecimentos, quase sempre dispendiosos, raramente produziram o efeito

exército é um escudo atrás do qual os povos devem viver em repouso. Ele é feito para proporcionar às províncias interiores a felicidade que nasce da segurança e da liberdade".[3]

É assim que um governo cuidadoso pode formar em poucos anos um militar instruído e de bons costumes. Independentemente dos conhecimentos necessários à sua condição, o oficial, por seu próprio interesse, deve, em razão de suas disposições naturais, obter também conhecimentos que podem torná-lo estimável na sociedade: as qualidades do coração o tornam querido, os talentos do espírito o tornam agradável. Enfim, o estudo pode preencher utilmente o imenso vazio de tempo que resta ao militar durante a paz, ou depois que ele cumpriu seus deveres ordinários. Com isso, uma guarnição, um acampamento, em vez de ser a morada do tédio, do jogo, da devassidão e das querelas, se torna para os oficiais uma morada agradável, para os prazeres que todos gostariam de contribuir. Com isso, todo regimento, toda legião, pode constituir associações úteis, academias militares, das quais um Estado tira as maiores vantagens.

Que não se considere como quimérico o projeto de esclarecer o militar e de torná-lo melhor. Ele pode ser executado com facilidade se o governo, sempre justo, adotar como lei inviolável jamais lesar os direitos ou submeter a injustiças os oficiais de grande mérito. Pode ser executado com facilidade se o

---

que se esperava deles. Nada é menos racional que um viveiro de soldados situado às portas de uma imensa capital onde reinam o vício, o luxo e os preços altos; onde a juventude, negligenciada quanto à moral, não pode ter senão maus exemplos e não aprende senão a ser dissoluta, arrogante, repleta de sobranceria e de fatuidade.

3 Louis-Gabriel du Buat, *Histoire ancienne des peuples de l'Europe*, t.IX.

Etocracia ou o governo fundamentado na moral

governo tiver o cuidado de distinguir, e sobretudo de recompensar, os que mostrarem talentos estimáveis e costumes regrados. Banindo das tropas a ignorância e a ociosidade, o príncipe afasta delas a licenciosidade, a devassidão, o jogo, a patifaria e as querelas. Recompensando fielmente o mérito, ele tem militares instruídos. Honrando a virtude, tem oficiais apegados a seus deveres, certos de que irão cumpri-los, queridos por seus concidadãos e com a fidelidade dos quais a pátria pode contar bem mais do que com a de alguns mercenários degradados pelo vício e corrompidos por uma desocupação habitual.

Eis aí, sem dúvida, o meio de tornar o ofício da guerra verdadeiramente honroso, verdadeiramente útil à pátria, verdadeiramente digno da estima de todos os bons cidadãos. Alguns oficiais assim disciplinados influem de maneira mais forte sobre os soldados que a eles estão subordinados. Esses últimos, tratados com mais justiça e humanidade, serão mais justos, mais racionais, e menos tentados a desertar. Algumas instruções morais e proporcionais, junto ao poder da disciplina militar, reformam poderosamente alguns homens que, pela negligência e pela iniquidade dos governos, em geral são estúpidos e malvados.

Fortalecida pelos regulamentos do príncipe, a moral consegue banir dentre a gente de guerra essa arrogância insultante, essas disputas frequentes e esses combates inúteis à verdadeira coragem, que muitas vezes lhes custam a vida. Se algumas leis rigorosas, se os terrores religiosos e se o temor da morte não puderam até aqui erradicar os duelos, é porque o temor dos suplícios de outra vida causa menos impressão que o temor de viver desonrado na vida presente; é porque o temor de perder a vida não tem nenhuma influência sobre pessoas que, por sua condição, são obrigadas a expô-la a todo momento.[4]

É pela honra que é preciso prender os homens que têm a honra como ídolo. É cobrindo de infâmia todo brigão, todo espadachim de profissão, todo agressor insolente, é expulsando publicamente quem quer que cometa um insulto que se purga os exércitos desses homens inquietos, desses atrabiliários, desses impertinentes que devem ser tratados como inimigos públicos. Que um tribunal militar os julgue, que eles sejam denunciados pelas testemunhas da querela, que se exerça o mesmo rigor contra esses covardes instigadores, que muitas vezes se entregam ao bárbaro prazer de incitar sem razão seus camaradas a se matarem. Que esses homens vis e ferozes, degradados de sua nobreza, sejam forçados a arrastar seu opróbrio diante dos olhos de seus concidadãos. Esses meios são mais eficazes do que essas longas prisões e do que a própria morte, quando não são acompanhadas da desonra. É aos tribunais que cabe vingar o cidadão honesto das injúrias que lhe são feitas; na falta das boas leis, ele é muitas vezes forçado a se vingar, mesmo com risco de morte.

A moral, apoiada pela autoridade, também bane com facilidade os covardes comportamentos de tantos oficiais em relação às mulheres, que alguns deles muitas vezes têm prazer em desonrar sem motivo. Será coisa de um homem de honra

---

4 Não é estranho ver que, em nações onde os duelos são proibidos com rigor, permite-se publicamente que alguns mestres de esgrima deem aulas, que servem apenas para fornecer aos cidadãos meios engenhosos de matarem uns aos outros? No entanto, vê-se alguns desses gladiadores obterem cartas de nobreza por ensinarem com sucesso a grande arte da esgrima, que é completamente inútil na guerra.

Etocracia ou o governo fundamentado na moral

difamar pessoas de um sexo frágil que não podem se defender nem repelir os ultrajes que lhes são feitos, muitas vezes contra a sua vontade e sem terem dado motivo para isso? "Os homens", disse uma mulher de mérito, "são fiéis uns aos outros porque se temem e porque sabem se vingar. Mas eles cometem faltas contra as mulheres impunemente e sem remorsos. A probidade dos homens, portanto, é apenas forçada; ela é mais o efeito do temor que do amor pela justiça. Examinando de perto os homens que se dedicam ao ofício da galanteria, se descobre que são pessoas muito desonestas."[5] Esse ofício é muito normalmente exercido pelos homens de guerra, que a ignorância e a ociosidade conduzem à devassidão. Esclarecendo o guerreiro, dando-lhe bons princípios, ocupando-o útil e agradavelmente, ele terá costumes honestos. Deixando, então, de ser uma carga para si, ele não será mais um flagelo para seus concidadãos; eles o procurarão, eles o admitirão em suas sociedades quando não o virem mais como um sedutor, como um devasso sem princípios e sem probidade.

Enfim, um governo esclarecido, ocupando o soldado, pode impedi-lo de se entregar à devassidão, à intemperança e aos excessos aos quais a ociosidade deve muitas vezes convidá-lo. Um salário moderado lhe proporciona conforto que seu soldo muito módico não pode lhe fornecer. Além disso, um trabalho que não o esgote lhe dá mais vigor nos combates. Existem tantos empreendimentos vantajosos para um Estado que é surpreendente que os soberanos não os façam ser executados por soldados, cujos braços multiplicados superam facilmente as maiores dificuldades. Se nos dissessem que o trabalho avilta o homem de guerra, que não é feito senão para combater,

---

5 [S. n.], *Lettre d'une mère a son fils surla vrai gloire.*

respondéríamos que uma vez por ano o soberano do vasto império da China pega em um arado para ensinar a seus súditos que os trabalhos úteis ou necessários não envergonham ninguém; respondéríamos também que, durante a paz, os braços vitoriosos das legiões romanas eram incessantemente empregados na abertura de estradas cômodas, na perfuração de canais, na construção de aquedutos e monumentos públicos cujas ruínas assombram os modernos, que não tiram nenhum partido de milhares de soldados que, fora do tempo da guerra, devoram a pátria sem lhe ser de nenhuma utilidade, e se estagnam em uma vergonhosa indigência, da qual jamais saem.[6]

Essa indigência, aviltante para o soldado, é, no entanto, um mal que as nações mais opulentas, os governos mais humanos e os príncipes mais justos não podem de maneira alguma remediar. A ambição inquieta e turbulenta de alguns potentados pouco contentes com a extensão dos domínios que o destino lhes deu – e que sua incapacidade, sem dúvida, impede de pensar em administrar bem – mantém todas as potências em alerta e as obriga a mobilizar exércitos pouco compatíveis com a riqueza das nações, que, assim, nunca podem respirar. Mesmo no seio da mais longa paz, o exército muito numeroso as esgota; elas são forçadas a estipendiar em qualquer tempo uma multidão inútil, da qual é impossível tornar a sorte mais feliz. Os

---

6 O abade de Saint-Pierre observou que o rei Henrique IV despendia, com alimentação e manutenção de um simples soldado, pouco mais de 5,5 marcos de prata por ano, ao passo que o rei Luís XV só gastava 3 marcos. O marco dos tempos de Henrique IV valia 20 libras e 5 soldos de Tours, e o dos tempos de Luís XV valia de 49 a 50 libras (cf. *Les rêves d'un homme de bien qui peuvent être réalisés, ou Les vues utiles et pratiquables*, p.127-31).

soberanos só conseguem se desvencilhar da necessidade deplorável de manter continuamente mobilizados exércitos tão fatais a seus próprios súditos se reunirem seus esforços para esmagar todo ambicioso que tentar perturbar, com algumas pretensões quiméricas, a tranquilidade geral. Uma liga universal deve armar todas as nações para aniquilar esses monstros que, com a intenção de adquirir alguns medíocres fragmentos de terra – que governam muito mal –, transformam em jogo o perecimento de alguns milhões de soldados. Sem dúvida, consideram os soldados não como homens, mas como bestas, que eles podem imolar sem escrúpulo à sua louca vaidade. Todo conquistador é um homem tão desprovido de grandeza de alma e de luzes quanto de sentimentos de humanidade. O abade de Saint-Pierre disse, com razão, que "a verdadeira glória de um príncipe não é ser um grande capitão, nem adquirir grande poder; mas consiste em empregar seu poder, qualquer que seja ele, para proporcionar a seus súditos a maior felicidade possível".[7] O grande homem não pode ser senão aquele que faz grandes bens aos outros. Os povos muitas vezes expiam com séculos de miséria a glória de terem tido como senhor um desses homens maravilhosos que são chamados de *grandes reis*.

Depois de ter abrandado os costumes do homem de guerra e de tê-lo tornado mais estimável aos olhos de seus compatriotas,

---

7 *Rêves d'un homme de bien*, p.370. A Suécia ainda se ressente do despovoamento causado pelas loucuras de Carlos XII. Em um discurso à rainha-mãe, Balzac (1595-1654) lhe diz: "O povo não se alimenta das grandes notícias que vêm de vossos exércitos, nem da elevada reputação de vossos generais: ele gostaria de mais pão e de menos louros. Ele chora muitas vezes com as vitórias de seus príncipes, e treme de frio junto às fogueiras que as comemoram".

a moral prescreve ainda que ele se faça estimar pelos estrangeiros, e até mesmo pelos inimigos de seu país. A moral ordena que escute a voz tocante da santa humanidade, que tem direito de se fazer ouvir pelas almas honestas até no meio do tumulto das batalhas. Ela diz a todo guerreiro que poupe os vencidos a partir do momento em que eles não sejam mais uma ameaça, que salve o inimigo a partir do momento em que ele entregue as armas, que tenha piedade dos povos entre os quais a sorte situou o palco da guerra, que se abstenha dessas destruições inúteis que são autorizadas muitas vezes pela licença ou pelo costume bárbaro, e que são algumas vezes ordenadas pelo despotismo enfurecido. É fazendo que as suas tropas observem as regras da humanidade que uma nação atrai a consideração e o amor de seus vizinhos. Os excessos cometidos pelo soldado imprimem muitas vezes em seu príncipe e em seu país manchas que alguns séculos mal conseguem apagar.

Ministro corajoso de um monarca que quer o bem, generoso Saint Germain![8] Após ter sabiamente organizado o Estado militar de um grande reino, tu coroarás, sem dúvida, tua obra abrandando o temperamento ainda feroz do guerreiro, incentivando-o a se instruir e inspirando nele os sentimentos da verdadeira honra. Colaborando com os sábios objetivos de um príncipe virtuoso, tu banirás da alma do soldado esta vergonhosa sede de ouro que um luxo deplorável nela acendeu. Dando-lhe alguns costumes louváveis e moderados, tu o tornarás mais estimável. Então, apesar dos clamores dos inimigos que a tua virtude varonil atrai, o bem que tu farás à tua pátria cingirá

---

8 Conde de Saint Germain, ministro da Guerra, entre 1775 e 1777, no reinado de Luís XVI, rei da França.

Etocracia ou o governo fundamentado na moral

tua fronte com uma glória imortal. Tu serás aplaudido pelos homens de bem e a posteridade te colocará, algum dia, entre Sully e Catinat.[9]

---

9 Maximilien de Béthune, duque de Sully (1560-1641), estadista francês no reinado de Henrique IV. Nicolas Catinat (1637-1712), marechal de França no reinado de Luís XIV. (N. T.)

VI
Legislação moral relativa à magistratura e aos homens da lei

Todo magistrado é um cidadão destinado, por sua condição, a manter a justiça e os bons costumes entre seus concidadãos. Um magistrado iníquo e desregrado é, portanto, um monstro na ordem política ou social. Pouco digno do depósito sagrado que o governo lhe confia, esse depósito deve ser-lhe tomado; indigno da confiança pública, ele não exerce na sociedade senão um poder odioso, uma tirania à qual somente há obediência por causa do temor. Mas a magistratura, órgão da justiça e das leis, é uma condição tão sagrada que não deve, de maneira alguma, depender da paixão sempre cega de um tirano, nem dos caprichos de seus ministros, nem dos interesses de uma corte. A sorte do magistrado deve subordinar-se unicamente à lei, a única que pode decidir se ele é culpado ou não, se deve ser mantido em sua posição ou se deve ser despedido. A justiça é logo banida de um Estado no qual a vontade do príncipe faz e desfaz os juízes. A magistratura íntegra é odiosa aos tiranos. Em todo governo racional, as leis constituintes devem pôr o magistrado ao abrigo do poder que gostaria de oprimi-lo ou de lhe ditar sentenças.

Barão de Holbach

Por outro lado, algumas leis, das quais nada pode dispensar, não devem admitir no santuário da justiça senão homens totalmente formados, preparados para as suas augustas funções por longas iniciações, versados na ciência dos homens e das coisas, amadurecidos pelo estudo e pela reflexão, mas, sobretudo, distinguidos por costumes irretocáveis.

Por um abuso fatal introduzido em alguns povos, somente a vaidade decide as qualidades de um candidato. Sem conhecer mais profundamente o seu saber ou os seus costumes, sem se informar nem de seu caráter moral nem de sua capacidade, seu nascimento basta para que ele seja admitido entre os magistrados. Na idade da inexperiência e das paixões, ele se senta entre os juízes, decide a sorte e a vida dos cidadãos.[1]

Além do mais, a avidez dos príncipes não respeitou os templos da justiça, eles levaram a rapacidade ao ponto de vender o direito de julgar os povos, eles não temeram que, autorizados por esse tráfico vergonhoso, os tribunais leiloassem aquilo que eles tinham comprado. Por esse estranho comércio, a magistratura, feita para recompensar a experiência, a ciência, a probidade e as luzes, não pode ser senão o apanágio da opulência, quase sempre adquirida pelos meios mais iníquos e desonrosos.[2]

---

1 O famoso jurisconsulto Charles du Moulin já se queixava de que no seu tempo, na França, o *senado* tinha se transformado em um *juvenado*, pelo grande número de jovens admitidos. Na França, para entrar na magistratura, basta parecer ter estudado durante três anos as leis romanas, que não são absolutamente as da França. Ou seja, não existe nenhuma preparação para ocupar uma condição respeitável, séria, feita para decidir a sorte de todos os cidadãos.

2 O imperador Alexandre Severo dizia que o príncipe, ao vender os cargos, privava-se do direito de punir os magistrados prevaricadores por terem vendido a justiça que teriam comprado do imperador.

Etocracia ou o governo fundamentado na moral

A razão interdita é forçada a gemer em silêncio sob os abusos inveterados, sob as chagas quase incuráveis que o despotismo em demência causou às nações. Se um governo mais sábio não pode, senão com o tempo, curar as doenças dos povos, algumas leis severas devem ao menos obrigar à decência, e preservar os costumes daqueles que, por sua condição, são feitos para serem árbitros, modelos, objetos da veneração e do respeito de outros cidadãos.

Que respeito podem, pois, ter os povos por uma juventude ignorante, frívola, dissipada, cujos ares avoados anunciam a imprudência e a leviandade? Que confiança os cidadãos têm em um juiz em quem o gosto pelo prazer produz desgosto mortal por um ofício penoso? Com que cara um adúltero, um devasso, um ignorante ou um pródigo ousam tomar em suas mãos profanas a balança da equidade? Com que olhos os magistrados honestos veem sentarem a seu lado homens muitas vezes conhecidos por vícios vergonhosos e por ações infamantes?

Se os tribunais devem ser inamovíveis e permanentes em um governo legal, devem, ao menos, censurar rigorosamente os membros que desonram a magistratura por sua conduta indecente ou criminosa. Corporações feitas para serem respeitadas devem excluir esses homens de prazeres, esses estouvados, esses presunçosos cheios de vaidade cujas maneiras contrastam com uma condição grave e séria.

A lei deve proibir as solicitações junto aos juízes. A justiça é uma dívida que seus intérpretes são obrigados a pagar, sem dar preferência, a todos aqueles que a exijam. Será que existe uma vaidade mais tola que a de um juiz que se vê adulado pelas solicitações assíduas ou pelas baixezas reiteradas de um pleiteante? É da sua integridade, dedicação e luzes que um magistrado deve obter sua consideração.

Pelos vícios inumeráveis de uma jurisprudência obscura e quase sempre oposta à justa razão, o juiz que se ocupa de seu ofício é sobrecarregado por um trabalho que se renova a cada instante. Ele é forçado a renunciar aos divertimentos e aos prazeres da sociedade a partir do momento em que quer examinar cuidadosamente os direitos sobre os quais sua consciência deve se pronunciar.

Embora em alguns países a avidez dos príncipes tenha multiplicado enormemente os cargos de judicatura, o grande número de magistrados não parece acelerar a decisão dos casos. Não deixamos de ver exemplos de processos que duram séculos, e nada é mais comum do que pleiteantes totalmente arruinados, seja pela lentidão condenável dos juízes, seja pelas velhacarias e astúcias da gente da lei, seja enfim pelo vício das leis, que quase sempre não parecem feitas senão para atrair os cidadãos para labirintos de onde lhes é impossível sair.

Algumas leis mal digeridas, alguns usos e costumes pouco adequados à equidade natural, regulando quase sempre as decisões dos tribunais, só são apropriados para falsear o espírito dos juízes, que são continuamente forçados a abandonar a razão para seguir a rotina, ou o caminho que lhes é traçado por uma jurisprudência que não permite o raciocínio. Daí provém, sem dúvida, o apego cego que os tribunais por vezes demonstram por algumas instituições, fórmulas e preconceitos que eles não estão em condições de examinar com sangue-frio. É por isso que se vê, muitas vezes, a magistratura impor obstáculos aos projetos mais salutares de um governo esclarecido, se opor a todas as reformas e considerar as mudanças mais úteis como novidades perigosas. Uma má jurisprudência não serve senão para estreitar o espírito, para torná-lo inseguro, hesitante e desconfiado.

Etocracia ou o governo fundamentado na moral

Tácito observou muito bem que *quanto mais um Estado é corrompido, mais as leis se multiplicam*. É certo que uma jurisprudência complicada e tortuosa, alguns costumes bizarros e insensatos, alguns usos muitas vezes injustos e tirânicos e algumas leis pouco claras e, às vezes, em contradição umas com as outras constituem o código que deve servir de regra à maior parte das nações. Eles são o desespero do magistrado que deve decidir e do cidadão que espera seu julgamento com inquietude. A jurisprudência de nenhum país tem a clareza e a simplicidade que caracterizam as obras da razão. Os soberanos, seja por preguiça, seja por intenções interesseiras, acham mais fácil ou mais útil deixar as coisas como estão do que remediar alguns males desoladores para seus súditos. Há alguns milhares de anos, com milhares de comentários e de glosas, as leis não são de maneira alguma esclarecidas. Elas se tornam, ao contrário, cada vez mais confusas. As regras do justo e do injusto são ignoradas. Nenhum cidadão está seguro de sua propriedade; a partir do momento em que ela é contestada, ele é forçado a se entregar cegamente a alguns causídicos que, entrincheirados atrás das muralhas de sua jurisprudência oblíqua, fazem guerra a toda a sociedade e a despojam impunemente. A probidade mais intrépida se assusta todas as vezes em que é tentada a atacar esse formidável exército e a destruir o antro desses bandoleiros que tiram proveito de seus concidadãos.[3]

---

3 Asseguram que o célebre Henri-François Daguesseau (1668-1751), após ter trabalhado por muito tempo para simplificar e corrigir a jurisprudência francesa, foi obrigado a renunciar a seu projeto depois das demonstrações que lhe foram feitas de que o seu novo código iria arruinar milhares de advogados, procuradores e esbirros da chicana. Se fosse possível descobrir um segredo para aniquilar todas as doenças,

Os abusos e os males que têm subsistido por muito tempo parecem ser imprescindíveis para as nações, e se transformam, por assim dizer, em necessidades. Em governos injustos, maus soberanos e maus magistrados acreditam ter interesse em manter abusos, preconceitos e injustiças mais evidentes, e uma multidão de maus cidadãos encontra subsistência e vida nas calamidades públicas. O déspota e seus ministros, comumente cegos, corrompidos e negligentes, não se ocuparão das leis. Elas parecem inúteis ou incômodas para homens que querem dar livre curso a todas as fantasias. Além do mais, em um governo sempre ávido, a multiplicidade das leis, suas contradições e obscuridade produzem infinitos processos, dividem cidadãos, os acirram uns contra os outros e colocam o príncipe em condições de cobrar um imposto sobre seus vícios e rixas. Todo governo injusto se acha interessado na depravação de seus súditos e cobra um tributo pela cegueira deles.[4] Leis simples, equitativas e verdadeiramente úteis às nações não podem ser obra da tirania, sempre ignorante, preguiçosa e sem propósitos, e que jamais se ocupa senão com aquilo que ela acredita ser útil no momento.

---

isso desagradaria com muita certeza os médicos, cirurgiões e boticários, que se veriam obrigados a fazer outra coisa. Platão diz, com razão, que a grande quantidade de magistrados ou homens da lei, e de médicos, denuncia a corrupção de um Estado, já que a má-fé dos homens sustenta os homens da lei, assim como a intemperança e a ociosidade dos cidadãos garante a sobrevivência dos médicos. Em algumas *advertências* feitas a Henrique III, rei da França, os causídicos são chamados de *tricotadores de processos*.

4 O papel rubricado ou *timbrado*, assim como uma infinidade de direitos fiscais que os pleiteantes são obrigados a pagar a todo momento, constituem em quase todos os países um enorme ganho para os governantes, para os quais os vícios dos povos se tornam úteis e necessários por causa dos vícios pelos quais eles próprios são atormentados.

Etocracia ou o governo fundamentado na moral

Em um governo vicioso, a magistratura está necessariamente infectada pelo contágio público: os maus príncipes formam apenas maus cidadãos; eles preenchem os cargos senão com escravos, com homens desprezíveis. Esses últimos, para se conferirem alguma importância e para se elevarem aos olhos dos outros, temem uma jurisprudência simples e fácil que, diminuindo o número de processos, condena alguns tribunais a permanecer sem funções. Os homens que, por si, não têm nada que os recomende, buscam atrair o respeito pelo temor do mal que eles podem fazer e pelo abuso do poder que seus cargos permitem exercer. Somente os perversos ou os estúpidos podem se glorificar da capacidade de causar dano.[5]

Não é, em absoluto, do poder de julgar os cidadãos, mas é da disposição de julgá-los de acordo com a justiça que um magistrado deve obter a sua consideração e a sua glória. Orgulhar-se do direito de julgar mal ou de prejudicar só pode ser o apanágio de um tirano; seria a vaidade de um carrasco, que ficaria muito orgulhoso de ter o direito de torturar e de fazer morrer os que, por infelicidade, caem em mãos tirânicas.

Portanto, é importante para a verdadeira honra da magistratura, assim como para o bem-estar e a segurança dos cidadãos, que o soberano reconduza os juízes aos deveres e à dignidade da sua condição, que uma soberba insultante e uma vaidade desdenhosa nada mais fariam que aviltar ou tornar odiosa. A dignidade de um magistrado consiste em suas luzes, integridade

---

5 "Oderint dum metuant" ["podem me odiar, desde que me temam"], foi a máxima de um tirano; "pestifera vis est, valere ad nocendum" ["é um flagelo uma potência que só é forte para fazer o mal"] (Sêneca, *De clementia*, livro I, III). A arrogância que se critica em alguns membros da magistratura serve apenas para atrair o ódio dos cidadãos.

e virtudes; o magistrado é grande quando se mostra acima das ninharias que enchem as cabeças estreitas. Um senador é um pai da pátria, cuja autoridade, emanada do pai comum dos cidadãos, deve, tal como a própria pátria, inspirar apenas um temor filial, um respeito mesclado com amor. Assim, o legislador supremo, fonte de todo o poder, deve impedir que a autoridade do magistrado degenere em uma tirania, que logo seria exercida sobre toda a sociedade.

Isento de paixões, assim como a lei que ele aplica, o magistrado deve fechar os olhos para seus próprios interesses, suas inclinações, os motivos pessoais que podem seduzi-lo. Executor da lei, que deve sempre ser clara e precisa, ele não deve se permitir interpretá-la de acordo com fantasias. Encarregado do ministério rigoroso que o obriga a punir o crime, ele não deve jamais exercê-lo com furor, nem perder de vista a humanidade. Existiria algo mais estranho que juízes empedernidos, nos quais o hábito cala todo sentimento de piedade por alguns infelizes que a justiça entrega em suas mãos?

Para sua honra, consciência e glória, não existe nenhuma corporação mais interessada do que a da magistratura em solicitar a reforma da jurisprudência oblíqua e tenebrosa, que, em quase todos os países, não é apropriada senão para extraviar juízes, e que muitas vezes os força a resistir à equidade, à razão e ao bom senso. Todo juiz honesto e cioso de sua glória deve desejar o aniquilamento de uma hidra que, graças a seus antros escuros, nutre-se da substância dos povos, torna as decisões incertas e desonra muitas vezes os juízes. Porém, para isso, é preciso um soberano fortemente engajado no amor pela justiça, e firmemente resolvido a libertar seus súditos dos males que os consomem. É preciso firmeza, é preciso coragem obstinada para

Etocracia ou o governo fundamentado na moral

combater alguns abusos sustentados por uma multidão de maus cidadãos, ou seja, por todos aqueles cujo interesse particular se acha em oposição ao interesse geral. Enfim, são necessárias algumas luzes para esclarecer os espíritos fracos, que quase sempre se assustam com as novidades mais úteis e necessárias.

Seria um erro acreditar que todos os defensores dos antigos abusos sejam sempre malvados e sem probidade. Os abusos mais gritantes têm aspectos favoráveis, que os fazem ser vistos como úteis mesmo pelas pessoas mais bem-intencionadas. É assim que alguns usos, algumas fórmulas frívolas, arbitrárias e onerosas para o cidadão, quando consolidados pela antiguidade, tornam-se às vezes entraves que o despotismo tem medo de romper. A probidade defende a causa do mal porque acredita que ele seja um bem; ao passo que, em geral, a impostura defende o mal porque o acha útil a seus interesses pessoais. A bondade do coração, a virtude e a sensibilidade nos extraviam quando elas não são suficientemente esclarecidas. Não se pode fazer o bem a todos sem fazer mal a alguns indivíduos; e, em um mau governo, sempre se prejudica uma multidão de particulares quando se quer fazer o bem da nação. Vamos de encontro a muitos preconceitos quando seguimos apenas a razão. É por isso que os verdadeiros amigos do público, os reformadores dos abusos, os príncipes mais justos e os ministros mais sábios experimentam comumente senão contrariedades, e trabalham senão para ingratos incapazes de sentir o bem que lhes querem fazer.[6]

---

6 "Ploravere suis non respondere favorem speratum meritis" ["eles se lamentam de que os seus méritos não encontrem o reconhecimento que eles esperavam"] (Horácio, *Epístolas*, II, I)

A preguiça do espírito também deve ser colocada no rol dos obstáculos que se opõem à reforma da jurisprudência. As pessoas se assustam com a visão do imenso caos dos usos antigos, dos costumes diversos e das leis discordantes que elas se acreditam obrigadas a conhecer, estudar, ordenar, conciliar e corrigir para formar um corpo de legislação mais racional. A reforma das leis seria verdadeiramente impossível se fosse necessário, para efetuá-la, entregar-se a trabalhos tão penosos quanto inúteis.

Que o legislador, ou aqueles que trabalhem sob suas ordens na redação de um novo código, abandonem esse amontoado informe de leis sobre as quais tantas cabeças, há tantos séculos, têm se esgotado inutilmente. Que ele faça tábula rasa de tantos usos bizarros e antiquados que regulam tão mal a conduta dos homens atuais. Que desdenhe os vãos costumes que fazem que, segundo um magistrado esclarecido, *em todos os Estados existam dois tipos de equidade: a natural e a civil, que quase sempre contradiz a primeira.*[7] Com isso, os cidadãos de um mesmo Estado não têm as mesmas ideias sobre a justiça; seus juízes não a conhecem melhor do que os que eles devem julgar. Enfim, sem levar em consideração as enormes compilações que só são respeitadas pela sua antiguidade, que a ignorância ou a preguiça servilmente adotaram e que a tirania conservou e consagrou, os reformadores da jurisprudência deveriam buscar, diretamente na natureza do homem, no objetivo da sociedade e na moral, as regras invariáveis e seguras que podem e devem guiá-lo em todas as conjunturas da vida.

---

7 Sobre os deveres dos advogados, cf. Louis-Bernard de Guyiton de Morveau, *Discours publics et éloges: auxquels on a joint une lettre où l'auteur développe le plan annoncé dans l'un des discours, pour réformer la jurisprudence*, t.I, p.55. O mesmo magistrado afirma que existem na França 285 códigos diferentes.

Etocracia ou o governo fundamentado na moral

A jurisprudência é a moral revestida com a sanção das leis. É confundindo a legislação com a moral que os homens terão princípios seguros e conhecerão seus deveres nas diversas posições ocupadas. Eles saberão como devem agir como soberanos e súditos, como grandes e pequenos, como nobres, juízes, ricos e pobres, esposos, patrões e empregados. Assim, cada cidadão, sabendo o que deve à pátria, a seus concidadãos e a si mesmo, não terá necessidade de recorrer a jurisconsultos e a juízes para descobrir se suas pretensões são justas e legítimas. A equidade natural, a justiça universal, é a base da moral; e essa moral deve guiar a jurisprudência. Nesse caso, ela é universal, porque, fundamentada na natureza comum a todos os homens, desconhece os limites que algumas convenções fixam aos impérios; ela serve de fundamento para a política externa, porque as nações estão submetidas aos mesmos deveres que os indivíduos. Sumariamente, para serem boas, todas as leis devem estar fundamentadas na moral, da qual a legislação não pode ser senão o complemento.

Mesmo com retidão e luzes, os homens da lei talvez nem sempre sejam os mais adequados para reformar a jurisprudência. Bastante influenciados por regras antigas, por leis por muito tempo respeitadas e por direitos estabelecidos pelo uso, eles podem, às vezes, ter somente ideias vagas sobre a equidade natural.[8]

Em vez de meditar tristemente sobre as leis antigas, em vez de definhar sem proveito sobre empoeiradas coleções de

---

8 Dizem que Daguesseau, chanceler da França, depois de ter feito alguns advogados célebres trabalharem na reforma das leis, não pôde, em vinte anos, fazer nada com o trabalho deles. O soberano talvez devesse propor que essa empreitada contasse com a colaboração de todos os cidadãos esclarecidos.

Barão de Holbach

monumentos e de cartas, se os jurisconsultos, mais filósofos ou mais desprendidos, tivessem estudado a natureza do homem, os direitos dos soberanos e dos súditos e os deveres que ligam os cidadãos uns aos outros, teriam simplificado, abreviado e retificado a jurisprudência a ponto de torná-la inteligível para todos. Leis feitas para todos devem ser conhecidas por todos. A impostura e a patifaria se cercam de trevas, de segredos e de mistérios, mas a simplicidade foi e será sempre o signo da verdade. SIGILLUM VERI SIMPLEX.

O soberano, sendo defensor e guia de seu povo, deve a ele uma legislação justa, clara e ao alcance de todos os que são feitos para se conformar a ela. Ele seria um tirano se só lhes apresentasse em suas leis enigmas e armadilhas. Ele se tornaria culpado de uma vergonhosa negligência se não trabalhasse para reformar algumas leis que às vezes só servem para tornar o magistrado perplexo ou injusto, e para entregar o cidadão honesto à rapacidade de uma nuvem de harpias esfaimadas.

VII

Das leis morais relativas aos ministros da religião

Se, como tudo deve provar, obedecer a uma legislação sábia é conformar-se às regras da moral, não se pode duvidar de que os ministros da religião estejam submetidos às mesmas leis que ligam todos os cidadãos ao Estado e o Estado aos cidadãos.

O próprio Júpiter, diz Arriano, *não poderia ser chamado de pai dos deuses e dos homens se ele não fosse útil a todos.* Com efeito, se Deus é o autor dos homens, devemos supor que ele tenha amor pelos homens e seu objetivo seja torná-los felizes. Se Deus é a fonte de toda a justiça, de toda a virtude e de toda a moral, ele quer o bem da sociedade. Se os ministros dos altares são os intérpretes das intenções divinas, Deus quer que eles anunciem aos povos os deveres que ele impõe a todos os homens, e Deus não pretende que seus ministros sejam isentos desses deveres.

De acordo com esses princípios, que não podem ser racionalmente contestados, os sacerdotes não somente estão ligados pelos mesmos deveres que obrigam os outros cidadãos, mas também estão, por sua condição, mais estritamente forçados a cumpri-los. Um sacerdote sem bons costumes é um ministro rebelde à divindade que lhe prescreve as regras da moral que ele deve pregar a todos os homens. Em suma, de acordo com os princípios de toda religião ligada à moral, todo sacerdote injusto e perverso, todo sacerdote turbulento ou indócil às leis justas de seu país, todo sacerdote ingrato ou orgulhoso que se recuse a socorrer sua pátria e a ser útil a seus concidadãos é um prevaricador, um ministro infiel, um traidor do seu Deus, e pode ser suspeito de não ter religião, de não reconhecer uma autoridade divina.

Uma legislação moral tem o direito de reconduzir a seus deveres todos aqueles que podem ser desviados deles por suas paixões ou por seus interesses pessoais. Tal legislação seria a expressão da voz de Deus. É, sem dúvida, nesse sentido que é preciso entender que *todo o poder bem regrado vem de Deus*,[1] assim sendo, todo poder desregrado não pode vir Dele, é evidentemente obra de homens corrompidos e não passa de usurpação manifesta, de verdadeira tirania que Deus deve reprovar, e que não se poderia, sem blasfêmia, revestir com a sua autoridade.

Os únicos direitos reais são os estabelecidos com base na justiça. A única autoridade justa é a vantajosa para a sociedade. Deus, sendo considerado como a justiça por excelência, só pode conferir direitos que estejam de acordo com a equidade e com o bem-estar da vida social. De onde se deduz que os direitos que são chamados de *divinos*, ou derivados de Deus, não podem jamais ser contrários à felicidade pública.

A religião cristã, adotada há muito tempo por todas as nações europeias, está dividida em diversas seitas, que são unânimes em fundamentar a sua preeminência e a divindade de

---

1 "Omnis potestas a Deo ordinata est" (cf. São Paulo).

Etocracia ou o governo fundamentado na moral

sua origem na beleza de sua moral, nas vantagens que ela proporciona à vida social, nos efeitos que ela produz nos costumes dos cidadãos e nas virtudes que ela propaga nas famílias. Assim, essa legislação celeste baseia seus direitos na excelência da doutrina que ela anuncia; de onde devemos concluir que uma legislação verdadeiramente moral e justa é uma legislação divina e religiosa, e que, por conseguinte, ela tem o direito de comandar tanto ministros da religião quanto todos os cidadãos. Enquanto as leis humanas são justas, deve-se supor que elas estão em conformidade com as leis divinas; obedecer a essas leis é obedecer a Deus. Quando o cristianismo declara que *é preferível obedecer a Deus do que aos homens*, ele ensina unicamente que é preferível obedecer a leis justas do que a leis tirânicas, que são obra da injustiça dos homens. Quando os ministros da religião, para se dispensarem de obedecer a algumas leis humanas, dizem que *é preferível obedecer a Deus do que aos homens*, eles indicam que a lei dos homens só pode ordenar aquilo que é justo, que não se deve obedecer a leis injustas, que todo cristão é obrigado a resistir às vontades de um tirano, porque as vontades humanas são, então, injustas e, por conseguinte, opostas às supostas vontades da divindade.

Essas reflexões muito simples nos provam que, realmente, não pode haver duas regras ou duas legislações opostas em um Estado cristão sabiamente constituído. Desde que as leis humanas sejam justas, elas devem ser consideradas como divinas pelos discípulos de uma religião que faz toda a justiça emanar da divindade. Mas, por outro lado, toda a legislação injusta, ou seja, oposta ao bem público, não pode ser tida como divina. Ela não pode ser senão obra da impostura humana, do interesse particular contrário ao interesse geral, com o qual todas as ordens do Estado são obrigadas a colaborar para se conformarem aos desígnios divinos.

Dito isso, a jurisprudência que, nas nações cristãs, é chamada de *eclesiástica*, ou *direito canônico*, não pode ser contrária à justiça, à moral e ao bem da sociedade, porque, com isso, ela não teria emanado de Deus, que não aprova a injustiça ou o mal moral, que não pode querer que seus ministros sejam inúteis ou nocivos à sua pátria, que quer que o sacerdote seja um bom cidadão e que ensine a virtude por meio dos seus costumes e dos seus exemplos, que ele inspire o horror pelo vício, que socorra o pobre, que console o aflito, que cuide do doente, que ele se distinga especialmente por sua humildade, sua moderação, sua temperança, sua pureza, seu desprezo pelas riquezas, seu zelo pelos bons costumes, seu temperamento pacífico e cheio de brandura. De onde se vê que os deveres que a lei divina impõe aos ministros da religião são exatamente os mesmos que a moral universal prescreve a todos os membros da sociedade, que essa lei de modo algum seria divina se contradissesse essa moral, feita para julgar a conduta dos sacerdotes e para determinar a utilidade e a equidade do *direito canônico*, das imunidades, das prerrogativas e dos privilégios, em suma, das vantagens que as nações fazem o clero desfrutar.

Foi por terem ignorado alguns princípios tão claros que se tem visto, durante muitos séculos, nações cristãs tão cruelmente perturbadas pelas intermináveis querelas entre o sacerdócio e o império. Renunciando às máximas humildes e pacíficas da sua religião, um padre quis se fazer o rei dos reis, dispor das coroas, fazer as leis civis e temporais cederem a algumas leis religiosas e espirituais que sua ambição ou seu interesse havia formulado. Adotando uma conduta tão arrogante, o vigário de

Etocracia ou o governo fundamentado na moral

Cristo tinha, sem dúvida, esquecido de que o orgulho e o desejo de dominar foram formalmente condenados por aquele que ele representa na Terra. Os pontífices de Roma, líderes espirituais de numerosa porção dos cristãos, não tinham percebido que sua jurisdição não devia se estender sobre os corpos, sobre os bens temporais, sobre os Estados, sobre as coisas deste mundo. Enfim, não viram que, se esforçando para subtrair os cristãos do jugo da legislação civil e da autoridade dos soberanos legítimos, eles os incitavam à licenciosidade e os levavam a se tornar ingratos, maus cidadãos, membros inúteis e incômodos da sociedade que os protegia, lhes dava a subsistência e os fazia viver na abundância e no esplendor.

Foi também por terem ignorado as máximas sociais do cristianismo que seus sacerdotes, por vezes animados pelo orgulho e pela vaidade, despertaram ódios imortais entre os cristãos que eram seus discípulos e os cristãos que seguiam outros doutores. Cegos em seus furores, alguns fanáticos muitas vezes levaram os soberanos a perseguir, torturar e fazer perecer em suplícios alguns cidadãos dos quais todo o crime consistia unicamente em não crer nas mesmas coisas que os sacerdotes escolhidos pelo príncipe. Será que esses imprudentes, iludidos por um falso zelo ou guiados por um interesse mal-entendido, não viram, pois, que, armando a potência contra os seus frágeis adversários, eles a armavam contra si mesmos, no caso de esses adversários se tornarem os mais fortes?[2]

---

2 Teodorico, rei dos godos, obrigou o papa João a solicitar que o imperador Justino cessasse suas perseguições contra os arrianos, ameaçando fazer os católicos de seus Estados serem submetidos aos mesmos tratamentos, porque, dizia o rei, *o direito de perseguir pertence a todos os príncipes, ou não pertence a nenhum.*

Barão de Holbach

Pregar a intolerância é abarcar todo o universo. Com efeito, se os reis da França, da Espanha e de Portugal pretendem ter o direito de perseguir ou de humilhar os heréticos – os protestantes de seus reinos –, esses príncipes não podem contestar aos reis da Inglaterra, Suécia e Prússia o direito de submeter, em seus países, os católicos romanos aos mesmos tratamentos. Por seu lado, o soberano dos turcos, o grão-mogol e o imperador da China desfrutarão, sem discussão, do direito de mandar estrangular todos os cristãos de seus Estados. Será que os membros do clero que pregam a intolerância, quando exortam os soberanos a constranger a liberdade de consciência e a extirpar a heresia, terão refletido bem sobre as consequências de uma doutrina anticristã e antissocial, capaz de encher o mundo inteiro de perturbações e de carnificinas? Um governo sábio deve se mostrar intolerante apenas para com as opiniões dos frenéticos, dos loucos perigosos ou dos velhacos interesseiros e cruéis que incitam os cidadãos a odiarem uns aos outros por causa da diversidade de suas religiões. Se a caridade – que não é, na linguagem da teologia, senão a humanidade ou a beneficência moral – é a virtude fundamental da religião cristã, é de se temer que existam muito poucos cristãos verdadeiros, mesmo entre aqueles que se dizem os líderes e os sustentáculos do cristianismo. Alguns homens com caráter terrível tornam sua fé muito suspeita e a religião odiosa; eles a fazem ser vista como um instrumento que, nas suas mãos, serve apenas para ambição, avareza e ódio, à custa do repouso das nações e dos soberanos, que devem purgar a religião e seus ministros de suspeitas que tenderiam a desonrá-los e a fazê-los detestados. Será que os príncipes e os sacerdotes jamais se aperceberão de que não é por meio das violências que é possível convencer os espíritos?

Etocracia ou o governo fundamentado na moral

De que não é por meio dos suplícios e da inclemência que é possível se fazer amar?

Um dos primeiros cuidados de um soberano justo, humano e cristão deveria ser o de banir de seus Estados o espírito de intolerância e de cessar toda coação e perseguição. O governo é destinado a conter as paixões dos cidadãos, e não a apoiar suas perversidades ou loucuras. Uma legislação em conformidade com a moral e a religião não vasculha tiranicamente o pensamento, ela jamais se mistura com as discussões sobre dogma ou sobre alguns mistérios reservados aos teólogos. Ela se ocupa apenas das ações públicas, contém todos os cidadãos que, pela conduta, tenderiam a perturbar a paz das nações. É bem mais necessário estabelecer em um Estado a concórdia e a união do que estabelecer sistemas, muitas vezes gerados por cérebros doentes. É mais importante para a sociedade agir bem do que pensar bem.

Talvez nos digam que as opiniões religiosas influem sobre as ações, porém, uma experiência continuada desmente essa asserção, ela prova que os adeptos da religião dominante, quase sempre, não são nem mais sábios nem melhores cidadãos do que os das seitas oprimidas ou simplesmente toleradas. Essa experiência demonstra que é possível ser muito ortodoxo nas suas opiniões e muito desregrado nos seus costumes. Enfim, tudo demonstra que o devoto fanático, intolerante e desumano faz mais mal aos seus semelhantes, por meio de suas ações, do que o incrédulo mais decidido pode fazer por meio de algumas opiniões ou escritos, que só convêm a poucos homens e que são rejeitados pela multidão. O sacerdote fanático tem o direito de pregar abertamente suas máximas às populações dispostas a seguir suas lições, mas o incrédulo espalha em segredo algumas opiniões feitas para um pequeno número de cidadãos ou de sábios incapazes de perturbar o repouso do Estado.[3] É ao espírito intolerante e aos costumes pouco sociáveis de alguns membros do clero que se deve atribuir os progressos da incredulidade.

Os incrédulos são os que rejeitam toda religião revelada. Se vários não adotam suas opiniões senão para se desvencilhar de um jugo incômodo às suas paixões, então eles não têm uma ideia

---

3 As máximas da tolerância cristã se acham estabelecidas de maneira mais clara e persuasiva em Clemente XIV, *Cartas interessantes do papa Clemente XIV* (Lisboa, 2.ed., 1814). Esse pontífice sábio e cheio de bondade ressalta a diferença que existe entre um devoto intolerante e um cristão verdadeiro: *Não há nenhum mal que não se faça, mesmo acreditando fazer o bem, quando só se tem como guia uma devoção ignorante.* É bom juntar ao testemunho desse grande papa uma bela passagem de Salviano, bispo de Marselha, em favor da tolerância: "São heréticos, mas eles não sabem disso; eles o são na nossa opinião, não na deles; porque eles se acreditam tão bons católicos que nos tratam como heréticos. Assim, nós somos na opinião deles o que eles são na nossa... A verdade está do nosso lado, mas eles pensam que ela está do deles; nós honramos a Divindade, e eles julgam que a sua crença a honra mais; eles faltam ao seu dever, mas situam o seu dever na sua maneira de agir; eles são ímpios, mas acreditam ter a verdadeira piedade. Portanto, eles se enganam, mas se enganam de boa-fé, não por ódio, mas por amor a Deus, pensando que dessa maneira eles amam e honram perfeitamente o Senhor; não têm a fé verdadeira, mas estão persuadidos de ter o verdadeiro e perfeito amor divino. O juiz supremo é o único que sabe como eles serão punidos no dia do Juízo pela sua falsa opinião; enquanto isso, Deus os tolera pacientemente" (Salviano, *De gubernatione Dei*, livro V. Viena, 2013). Eis aí os sentimentos de brandura que deveriam ter todos os verdadeiros cristãos, e sobretudo os chefes da Igreja. Quando eles têm sentimentos contrários, o governo deve reconduzi-los aos verdadeiros e obrigá-los a praticar a brandura evangélica, que não permite que um devoto seja um mau cidadão.

Etocracia ou o governo fundamentado na moral

da moral natural, tão oposta quanto a moral religiosa às desordens e aos vícios que as leis deveriam punir. Porém, há muitos pensadores mais honestos, que se recusam a reconhecer os direitos da religião ou que negam a sua origem celeste por acreditarem que seus ministros emprestam à divindade uma linguagem oposta à virtude e à felicidade dos homens. Os ministros da Igreja só podem reconquistar os fiéis pregando algumas máximas mais adequadas às qualidades de um Deus e à moral, que supostamente é uma emanação de sua sabedoria e amor pelos seres humanos. Um Deus que deseje que os homens sejam exterminados por cometerem erros involuntários não é adequado para tocar o coração das pessoas de bem incrédulas. Um Deus desprovido de justiça e de bondade parece tão contrário às ideias de perfeição que temos da divindade que conduziria ao ateísmo alguns pensadores que não soubessem conciliar essa doutrina intolerante com os atributos divinos. Enfim, as máximas dos sacerdotes intolerantes tendem a fazê-los ser considerados como velhacos ou como alucinados aos olhos das pessoas que têm algumas ideias verdadeiras sobre a moral ou sobre a sociabilidade.

Assim, as leis divinas, sempre em conformidade com a moral sadia e a verdadeira política, permitem — e mesmo ordenam — que os legisladores exortem e obriguem os ministros da religião a viverem pacificamente no Estado que os sustenta e os protege, e a mostrarem sua gratidão por meio de alguns serviços reais e da fidelidade em cumprir os deveres de sua posição.

Os sacerdotes são, por ofício, os mestres da juventude, os pregadores da virtude, os propagadores da moral, os filósofos natos de todas as nações europeias. Em consideração a essas funções úteis, eles desfrutam do respeito, da estima e dos benefícios

93

das sociedades. Se, até aqui, seus trabalhos não tiveram o sucesso que se podia esperar deles, é porque muitas vezes alguns governos pouco cuidadosos permitiram que eles se entregassem à indolência; é porque, muito ocupados com o dogma, eles negligenciaram demais a moral; é porque a atenção dos mais poderosos gênios do clero, absorvida em discussões abstratas, sutis e pouco feitas para o comum dos homens, não se voltou ainda para algumas matérias mais interessantes para o público.

Soberanos esclarecidos sobre os interesses do Estado melhor aproveitam dos talentos do clero. Distribuidor dos benefícios e das dignidades da Igreja, o príncipe está em condições de voltar os espíritos de tantos homens instruídos na direção dos estudos mais úteis aos cidadãos do que algumas controvérsias teológicas, que quase sempre só ocasionam perturbações. Há todos os motivos para crer que, animados pelas recompensas das quais sua posição é suscetível, os diferentes membros do clero se esforçarão para adquirir os conhecimentos mais vantajosos para a pátria; eles renunciarão a esse espírito brigão e intratável que os desonra aos olhos de muitas pessoas, para adotarem costumes mais sociáveis e mais brandos.

Não existe nenhuma ciência útil que um governo esclarecido não possa florescer com a ajuda do clero. Sem carregar o Estado com novas despesas, um príncipe, que distribua com sabedoria as rendas já subsistentes da Igreja, faria a pátria reencontrar grande número de filhos e de talentos que estão perdidos.

Os Estados da Europa nos quais estão alguns mosteiros muito ricamente instituídos desfrutariam de vantagem inestimável se soubessem tirar proveito deles. Por que deixar estagnados tantos cenobitas em uma letargia fatal para eles próprios, e que os torna nulos para a sociedade? Todo monge é um homem que estudou razoavelmente, cujo espírito está razoavelmente desenvolvido e de quem, por conseguinte, é possível extrair alguma utilidade. Se, por meio de recompensas proporcionais à sua condição, o fizessem sair de sua indolência, se despertassem a emulação em sua alma embotada, por que não se esperaria fazer dele um sábio estimável, um cidadão virtuoso? Se os mosteiros são quase sempre os refúgios ocultos das conspirações, da discórdia e do vício, é porque é difícil que a ociosidade não engendre a corrupção. A verdadeira maneira de reformar os monges seria ocupá-los, inspirar neles a emulação. Uma vida retirada é favorável ao estudo e se torna, para o homem estudioso, uma fonte de entretenimentos. Os homens que trabalham pensam menos em intrigas ou em causar danos do que os indolentes. Alguns trabalhos úteis deveriam substituir as preces demasiado longas. Dizia Catão, *não é com promessas e preces que se obtém os auxílios dos deuses, é zelando, agindo e pensando nos seus negócios. Quando entregamo-nos à preguiça, é em vão que imploramos aos deuses; eles odeiam os preguiçosos.*[4]

Orientados pelas ordens de um bom governo, os mosteiros seriam logo transformados em casas de educação, cujos mestres se encontrariam alimentados e sustentados. Não se teria motivos para temer que a educação da juventude fosse demasiado monástica, prescrevendo aos professores o plano fixo daquilo que eles devem ensinar. Por essa via, alguns cenobitas poderiam formar até militares, com a ajuda das instruções elementares que

---

4 Essa verdade começa a se fazer sentir nas nações mais ignorantes: com o consentimento do papa, os poloneses acabam de suprimir 29 feriados no ano. As nações protestantes têm um mês a mais por ano do que as católicas romanas. É inútil falar da embriaguez e das desordens causadas pela ociosidade.

lhes poderiam ser administradas. Se os monges não podem dar à juventude a prática das diferentes posições às quais ela está destinada, podem ao menos dar a ela a teoria; podem, sobretudo, acostumá-la desde cedo ao jugo da moral, que deve ser a mesma para todas as posições da vida. História, física, geometria, astronomia, geografia, e outras áreas do conhecimento, podem, com bons elementos, ser ainda mais bem ensinadas em um mosteiro do que em colégios situados no meio de cidades corrompidas e dissipadas.[5]

É por culpa dos governos que os monges são inúteis. Deve-se dizer a mesma coisa de tantos conventos de religiosas. Essas últimas ao menos se ocupam mais ou menos da educação das moças: suas casas são asilos onde, por alguns anos, os pais podem depositar suas crianças em segurança. Se, nessas solidões, as jovens, destinadas a se tornarem um dia mães e cidadãs, não aprendem nada de útil, se não se tem nenhuma preocupação de formar o seu coração e de adornar o seu espírito, é preciso responsabilizar por isso a negligência dos soberanos, que parecem ignorar o proveito que se poderia tirar de tantas casas religiosas, propagando nelas os conhecimentos necessários ao belo sexo, incitando a emulação entre as religiosas e recompensando aquelas que se distinguissem pelo seu zelo em cumprir os objetivos do governo. As mulheres, pela fragilidade dos seus órgãos, não são suscetíveis dos conhecimentos abstratos, dos estudos profundos e contínuos que convêm aos homens. Porém, a sensibilidade de sua alma, a vivacidade do seu espírito

---

5 A ordem dos beneditinos formou muitos sábios respeitáveis, cujos trabalhos os teriam tornado ainda mais prezados pela sociedade se eles tratassem de temas mais úteis do que velhos diplomas, títulos e inscrições.

Etocracia ou o governo fundamentado na moral

e a flexibilidade da sua imaginação as torna muito suscetíveis de adotar com ardor os sentimentos do coração. Seria, portanto, muito fácil ensinar-lhes uma moral humana, compassiva, beneficente. Seria possível fazê-las adquirir o hábito da brandura, do amor pelo trabalho e da paciência, virtudes que serão tão necessárias quando elas forem esposas e mães de família. Seria possível preveni-las desde cedo contra as paixões e as fraquezas capazes de, mais tarde, desgraçar sua vida. Seria possível acostumá-las à leitura e inspirar nelas ao menos o gosto, a curiosidade, por alguns conhecimentos sólidos, apropriados para entretê-las utilmente e para torná-las menos levianas e mais estimáveis, além de preservá-las do tédio ao qual estão tantas vezes expostas. É pela falta de uma educação adequada que a metade mais amável do gênero humano se entorpece facilmente na inação e no tédio, se torna quase inútil, não conhece nenhum dever, se ocupa apenas com frivolidades, se deixa arrastar pelo desregramento e termina muitas vezes por produzir desolação na sociedade. A educação das mulheres merece maior atenção da parte do legislador; educando-as bem, ele as torna mais sábias e felizes, e os homens muito melhores.

Pela negligência dos governos, as casas religiosas não somente são inúteis ao Estado, como tampouco contribuem para o bem-estar das pessoas que nelas se encontram internadas. O despotismo é a base do governo monástico; esse governo injusto e caprichoso pode formar apenas escravos e reinar sobre infelizes, nos quais devem ser encontrados todos os vícios gerados pela abjeção de alma e pela servidão. Daí resultam o temperamento sombrio e rabugento, o espírito de conspiração e de intriga, as discórdias frequentes e, sobretudo, as tristezas, tão longas quanto a vida, que vemos reinar nos claustros. A experiência nos faz conhecer que nada é mais cruel do que a tirania monástica, quase sempre exercida por pessoas nas quais a educação nunca desenvolveu nem a humanidade, nem a sensibilidade, nem a piedade, nem nenhuma das virtudes sociais.[6]

Um governo justo não deve tolerar nenhuma tirania no Estado. O monge, assim como todo cidadão, tem direito à proteção das leis, que deveriam livrá-lo do despotismo que se arroga o direito de torná-lo infeliz; ou, melhor ainda, deveriam aniquilar todos esses votos imprudentes por meio dos quais, na idade da inexperiência, uma juventude entusiasmada se liga para a vida inteira a algumas regras totalmente incompatíveis com a sua natureza ou com o seu bem-estar – e, com isso, muito opostas ao espírito de uma religião que declara adorar uma divindade benfazeja. Assim, o legislador se conformaria também ao espírito do cristianismo, devolvendo a liberdade a uma multidão de cativos dos dois sexos que geme sob as sombrias abóbadas dos mosteiros. Suas homenagens forçadas não podem ser agradáveis à divindade.

Será que existe crueldade mais detestável do que a de tantos pais que, para aumentar a fortuna do filho favorito, condenam algumas moças tímidas a se enterrarem para o resto da vida em um convento? Será que as leis não devem punir com severidade esses tiranos que abusam de maneira tão bárbara da autoridade paterna?[7] Diante das queixas dos filhos tratados com essa desumanidade, será que as leis não devem quebrar os

---

6 Sabemos que quase todos os mosteiros têm prisões terríveis, nas quais depende do capricho de um superior encarcerar pelo resto da vida um monge que o desagrade. Exemplos bastante frequentes provam que essas vítimas do despotismo muitas vezes definharam por anos nesses calabouços, dos quais uma morte caridosa não as libertou.

7 Cf. o drama patético de Jean-François de La Harpe, *Mélanie*, 1770.

Etocracia ou o governo fundamentado na moral

votos extorquidos pelo temor, forçar os pais indignos a proverem o sustento dessas vítimas da injustiça, e colocá-las sob a salvaguarda pública?

Em suma, uma legislação benfazeja deve devolver à sociedade todas as pessoas que uma devoção pouco refletida, que a sedução ou que a violência obrigou a adotar um gênero de vida do qual não resultam para elas senão desolações e lágrimas. Os mosteiros seriam, sem dúvida, asilos mais agradáveis a Deus e mais úteis aos homens se contivessem apenas pessoas livres e desvencilhadas de grilhões odiosos. Nesse caso, as casas religiosas não seriam mais prisões, mas retiros, nos quais algumas pessoas devotas ou estudiosas poderiam viver em paz, libertas dos entraves do mundo, enquanto esse gênero de vida tranquila se harmonizasse com a sua felicidade.[8] Com isso, os conventos seriam recursos maravilhosos para alguns cidadãos honestos, pouco afeitos aos bens da fortuna, que desejassem oferecer a si mesmos uma vida doce e pacífica, afastando-se do tumulto e dos vícios da sociedade.

Nós não examinaremos aqui a questão do *celibato dos sacerdotes*, sobre a qual o cristianismo está dividido. Observaremos apenas

---

8 As cidades dos Países Baixos têm, para as mulheres, algumas casas religiosas com essa característica, conhecidas por *beguinarias*, de onde se pode sair à vontade para se casar ou para viver no mundo. Em quase todos os países católicos romanos é possível hipotecar a sua liberdade em um convento aos 16 anos, ao passo que a maioridade está fixada pelas leis aos 25 anos. Essas disposições absurdas são contrárias até mesmo aos cânones da Igreja. No ano de 506, o Concílio de Agde – cânone 19 –, que era presidido por São Cesário de Arles, decidiu que não se devia dar o véu às moças antes dos 40 anos: "Sanctimoniales, quantumlibet earum vita et mores probati fuerint, ante annum aetatis suae quadragesimum non velentur". O papa São Leão defendeu a mesma ideia.

que o casamento é um laço apropriado para ligar mais intimamente os homens à pátria, e para conservar os bons costumes. Só se encontram em algumas nações tantos monges e sacerdotes escandalosos e dissolutos porque é em vão que se combate a natureza, sempre mais forte que as instituições que a contrariam. *Mais vale se casar do que se abrasar*, diz um apóstolo da religião cristã.[9] Essa disposição parece, sem ferir a religião, deixar a todo legislador cristão a liberdade de agir da maneira mais adequada aos interesses da sociedade.

Por uma injustiça muito comum, os membros do clero mais úteis e mais laboriosos não são nem os mais prezados, nem os mais bem recompensados. Em muitas nações cristãs, não são os conhecimentos, nem a virtude, que conduzem às dignidades da Igreja; é o nascimento, que muitas vezes vem acompanhado pelo vício, a ignorância e a indolência. Alguns prelados vão ostentar um luxo escandaloso nas cidades, e nelas se fazem notar por uma conduta pouco adequada para atrair para a sua ordem a consideração dos cidadãos. Que frutos é possível esperar da doutrina de tantos pastores que jamais se dignam a residir entre as suas ovelhas, que acreditam estar abaixo deles instruí-las pessoalmente, que parecem desprezar a sua posição e avaltá-la aos olhos dos outros? Será que uma legislação atenta não deve obrigar esses ministros negligentes da religião a se manter no meio do rebanho que lhes foi destinado, para ali espalharem benefícios, para dar exemplos e lições, sob pena de serem privados dos emolumentos vinculados às funções e aos deveres que eles se recusam a cumprir? Qual seria esse estranho esquecimento de seus direitos que fez chefes das nações terem se privado da capacidade de punir alguns homens

---

9 Paulo, *Primeira Epístola aos Coríntios*, 1, 9. (N. T.)

Etocracia ou o governo fundamentado na moral

que recebem benefícios do governo sem fazer nada para merecê-los? Será que a religião pode autorizar a inamovibilidade de seus ministros, quando eles a desonram perante os olhos das nações?

Ela incorreria no desprezo se alguns pastores, mais rigorosos em cumprir seus deveres, não retivessem as populações debaixo das suas leis. São esses pastores, quase sempre mergulhados na indigência, que o governo deveria sobretudo favorecer com as suas atenções, animar por meio de recompensas, dar condições de viverem sem aviltar-se e, até mesmo, de socorrer a miséria da qual são testemunhas. São esses homens, desdenhados ou tiranizados por seus superiores, que merecem quase sempre a confiança dos povos; é deles que um governo pode se servir com sucesso para fazer deles os apóstolos da moral e os arautos da virtude.

Alguns que escreveram sobre a política acreditaram que, para o bem do Estado, os soberanos devem se apoderar das riquezas outrora dissipadas com os ministros da religião. Ao menos, é certo que essas imensas riquezas, colocadas nas mãos de um governo justo, o colocariam em condições de prover as necessidades dos pobres e de constituir uma grande quantidade de estabelecimentos úteis e em conformidade com o espírito de uma religião social. Enfim, não é possível duvidar de que os membros do clero, pagos na proporção dos serviços reais que eles prestassem à pátria, se tornariam mais esclarecidos, mais fiéis a seus deveres, mais pacíficos e bem mais considerados.[10]

---

10 Há alguns anos, Catarina II, imperatriz da Rússia, apoderou-se de todos os bens eclesiásticos do seu império. As rendas consignadas aos bispos, aos abades e aos monges são pagas ao tesouro público.

VIII
Leis morais para ricos e pobres

O homem generoso é aquele que faz bom uso das suas riquezas, diz Aristóteles. Porém, em que consiste esse bom uso? É em fazer o bem a seus semelhantes. A beneficência deve ser a justiça ou a virtude do rico; o legislador deve incitá-lo a cumprir esse dever. O rico nada mais faz que pagar uma dívida quando derrama sua abundância sobre os concidadãos. Os cidadãos mais opulentos em um Estado são como reservatórios, situados em intervalos para irrigar os terrenos ressecados pelos ardores do verão; quando as águas que eles contêm ficam estagnadas, elas se corrompem e espalham ao longe vapores pestilentos.

As grandes fortunas, como já dissemos anteriormente, são em geral frutos da injustiça, de uma esperteza funesta ou da violência, meios aos quais uma legislação justa não pode de maneira alguma se prestar. Ela deve deixar para os tiranos da Ásia essa atroz política pela qual eles permitem que seus partidários enriqueçam pelos meios mais cruéis, a fim de despojá-los quando eles estiverem suficientemente atulhados com a riqueza do povo. Alguns governos europeus seguiram muito bem essas máximas

Barão de Holbach

odiosas do despotismo oriental: tem-se visto alguns príncipes ávidos adotarem como princípio engordar alguns súditos favorecidos com o sangue dos cidadãos, a fim de encontrar nesses sanguessugas públicos formas fáceis e rápidas de satisfazer suas paixões insaciáveis. É por meio desses impostos indiretos, sempre cobrados com crueldade por homens impiedosos, que alguns governos imprudentes conseguiram arruinar os Estados mais poderosos, e colocaram a si mesmos sob tutela de um pequeno número de bandoleiros aos quais os governos tinham concedido o privilégio infame de pilhar impunemente a pátria.

Toda a alma honesta e sensível é forçada a deplorar uma semelhante cegueira. Que ideia se pode fazer de um governo – ou, antes, de uma desordem política – no qual o soberano, o protetor dos povos, arma parte de seus súditos contra os outros e, sujeitando esses últimos por meio das suas leis, os obriga a se deixarem despojar? Semelhante delírio é, no entanto, o efeito que a sede das riquezas produz em grande número de príncipes: o despotismo os acostuma a seguir todas as suas fantasias. Guerras imprudentes e contínuas, e mais ainda o fausto e a avidez das cortes, esgotam os tesouros do Estado. Como os tributos ordinários não podem mais ser suficientes, as populações são oprimidas por impostos que a rapacidade engenhosa inventa a todo momento. Então, a nação é entregue sem defesa às extorsões multiplicadas de alguns ladrões que prosperam e triunfam sobre os escombros do Estado, que, com o consentimento do príncipe, eles arruinaram totalmente.

Instruídos pelos exemplos de tantos impérios destruídos pelos caprichos do despotismo, pela avidez dos soberanos, pela sede de riquezas, pelas loucuras do luxo e pela corrupção dos costumes, será que os príncipes jamais percebem que

Etocracia ou o governo fundamentado na moral

a justiça, a moderação e a economia são sustentáculos sem os quais um Estado é forçado a desmoronar? Embotados na opulência, ofuscados pelo brilho enganador da corte que os rodeia, será que esses príncipes jamais lançam um olhar de piedade para as populações mergulhadas na miséria? Será que acreditam ser verdadeiramente grandes e poderosos porque veem ao redor alguns cortesãos adornados com os signos da abundância, ou quando seus olhos se voltam para os palácios que a rapina ergue com impudência no meio dos destroços da felicidade nacional? Enfim, será que esses cegos soberanos acreditam que seu poder e suas riquezas estão seguras quando suas províncias estão cheias apenas de camponeses desencorajados e reduzidos ao desespero por contínuas vexações?

O soberano que arruína seus povos faz que os devedores não possam pagá-lo.[1] O príncipe só é rico e poderoso quando governa com equidade uma nação repleta de cidadãos ativos e de ricos benfazejos. A justiça é a virtude do príncipe; a generosidade e a beneficência são as virtudes do pobre.[2] É da cooperação entre essas virtudes que resulta a felicidade pública e particular. A justiça do soberano faz que ele segure a balança com mão firme para todos os súditos. Ele incentiva todas as ordens do Estado a colaborar com o bem público à sua maneira: os poderosos, os nobres e os ricos por meio dos benefícios e dos auxílios que fornecem à indigência, e o pobre pelos serviços que presta ao príncipe, aos ricos e aos poderosos — serviços que, longe de merecerem desprezo e ultrajes, lhe conferem direito legítimo à sua afeição e

---

1 Pensamento do abade de Saint-Pierre.

2 Para manter a coerência do texto, é provável que o barão Holbach tenha pensado em escrever "do rico". (N. T.)

gratidão. Segundo Aristóteles, *o pobre gosta do rico pelo lucro; o rico deve gostar do pobre pelos serviços que dele obtém.*[3]

Mas a prosperidade torna os homens ingratos; a opulência é vã e desdenhosa, ela se esquece daquilo que deve aos trabalhos da indigência. O poderoso, o rico e o nobre cometem, em geral, a injustiça de maltratar o pobre, porque quase sempre fazem isso impunemente. É às leis que cabe reprimir a injustiça de tantos ingratos que os maus governos parecem autorizar. Aristóteles disse, com razão, que *os reis foram feitos apenas para fazer a justiça, que consiste em impedir que os ricos sejam oprimidos pelo povo, e em proteger o povo das injúrias dos ricos.*[4] Extremamente fiéis em cumprir o primeiro desses deveres, os príncipes normalmente ignoram o segundo; suas leis, parciais em favor dos ricos, parecem entregar o pobre à sua mercê.

A enorme desproporção que as riquezas estabelecem entre os homens é a fonte dos maiores males da sociedade; ela merece, por conseguinte, toda a atenção dos que governam. Para tornar um Estado feliz, o governo deveria não somente impor obstáculos a essas fortunas obtidas rapidamente, injustas, imensas e escandalosas, acumuladas em geral à custa do príncipe e dos súditos. Mais ainda, a legislação deveria impedir que as riquezas e as propriedades de uma nação se acumulem em um pequeno número de mãos. O interesse do Estado deve estar sempre ligado com o da maioria; ele exige que muitos cidadãos sejam ativos, utilmente ocupados, desfrutando de comodidade que os coloque em condições de prover sem dificuldade as necessidades da pátria. Não existe pátria para o homem que nada possui ou

---

3 Aristóteles, *Ética*, livro V.
4 Aristóteles, *Política*, livro VIII.

Etocracia ou o governo fundamentado na moral

que desfruta apenas de uma existência precária; a pátria é indiferente para aqueles a quem ela se mostra senão como madrasta, que não protege e que não deixa sobreviver.

Dir-se-ia que os ricos estabeleceram o projeto de tirar a terra da sua destinação. Semelhantes aos conquistadores, eles querem invadir tudo. Pouco contentes com os palácios – quase sempre mal construídos – que recebem, jardins extensos, parques imensos, florestas e alamedas a perder de vista tornam-se necessidades para eles.[5] Os ricos ficam ocupados em reunir propriedades, em fazer aquisições contínuas; gostariam de transformar suas terras em províncias, que logo, por tédio, por negligência, por avareza ou por imperícia, eles deixam incultas, sem proveito nem para eles próprios, nem para o Estado. Todo terreno não cultivado deveria entrar na massa comum, para ser dado aos que podem torná-lo produtivo para eles e para a sociedade.

Uma legislação mais justa e mais sábia deveria, ao menos, se opor a essas usurpações da opulência, sempre apaixonada por aquilo que ela não tem, e sempre descontente ou enfastiada com o que tem. Um governo menos parcial para os ricos encontraria, evidentemente, nas propriedades supérfluas que se perdem em suas mãos, algo em que empregar utilmente os braços de uma infinidade de desgraçados que, nada possuindo e não podendo se ocupar, vão buscar no roubo e nos assassinatos meios mais fáceis de subsistir. Vexado pelos impostos, despojado pelos ricos, maltratado pelos poderosos, desprezado pelos corações empedernidos e desprovido dos princípios da moral, o pobre se

---

5 É inconcebível que governos não se deem conta do dano que causa ao Estado o direito de caça, concedido à nobreza e que é a ruína do agricultor. A agricultura é indignamente sacrificada ao divertimento dos ricos!

irrita contra a sociedade, lhe declara guerra, vinga-se das injustiças por meio de crimes e, muitas vezes, arrisca a vida, seja para não morrer de fome, seja para contentar alguns vícios que o exemplo dos ricos fez que adquirisse.

A indigência, tantas vezes joguete das paixões e dos caprichos do poder, murcha o coração do homem ou o torna furioso. Surpreendemo-nos ao ver a gente do povo tão aviltada, tão desprovida de vergonha e tão disposta a cometer o mal pelo interesse mais sórdido. Porém, deixaremos de nos espantar com isso quando refletirmos que, pela iniquidade dos governos, por sua negligência em reprimir ou punir os excessos dos ricos e dos poderosos, o motor da alma do pobre está inteiramente quebrado; ele despreza a si mesmo, porque se vê objeto do desprezo e do desdém de todo mundo; ele odeia os ricos e todos os seus superiores, porque não vê neles senão inimigos, homens desprovidos de piedade; ele odeia a autoridade, porque acredita que ela é feita apenas para oprimi-lo, e não para socorrê-lo ou defendê-lo.

Esses vícios e abusos se mostram sobretudo nas monarquias, nas quais as posições sociais e as riquezas estabelecem enorme desigualdade entre os homens. Portanto, é sobretudo nelas que a justiça do governo e algumas leis deveriam reprimir os atentados dos poderosos, e castigar as insolências dos ricos. Nos Estados republicanos e livres, em que os homens são menos desiguais, o homem do povo, isento de temor, tem mais estima por si porque sabe que a lei o protegerá. Essa deveria ser, sem dúvida, a função da lei em todos os países. Em toda parte, a equidade deve defender o fraco, o pobre e o pequeno contra os atentados dos poderosos, ricos e grandes, aos quais a proteção das leis é bem menos necessária. Um bom rei não é aquele que

Etocracia ou o governo fundamentado na moral

favorece alguns poderosos, é aquele que toma em suas mãos os interesses do povo, que a opulência e o poder se esforçam para oprimir todas as vezes em que a autoridade soberana não se preocupa em contê-los. A injustiça e a impunidade são consideradas, sobretudo, privilégios do poder.

Um governo justo impedirá o rico de invadir tudo, e colocará o pobre em condições de adquirir, trabalhar e desfrutar em segurança dos frutos de seu labor. Ele moderará, para esse efeito, os impostos demasiado opressivos, livrará suas propriedades das servidões do nobre e do proprietário opulento, colocará o humilde camponês a salvo dos ultrajes do poderoso arrogante ou do coletor de impostos ávido. É somente nessas condições que o legislador pode esperar corrigir os costumes do povo, formar cidadãos honestos, banir a mendicidade e diminuir o número de crimes. É preciso domar a injustiça e a vaidade dos grandes para abrandar os costumes dos pequenos e dos desgraçados. Sob um governo iníquo, não se pode esperar encontrar bons cidadãos; só o que se pode ver neles são opressores arrogantes e oprimidos impacientes com o jugo que os esmaga, ou totalmente desencorajados.

Se, como não se pode duvidar, não há nenhum interesse do Estado em que as propriedades se acumulem em um pequeno número de famílias ou de indivíduos, se cem cidadãos ativos e operosos são mais úteis à sociedade que um rico, cuja opulência embota ou se torna um vício, será que uma legislação sábia não deveria impedir e prevenir as reuniões das grandes propriedades? Será que ela não deveria acabar com esses costumes injustos e bárbaros que, sob o pretexto de conservar o esplendor de uma família nobre, entregam todos os bens fundiários ao filho mais velho, e privam seus irmãos e irmãs da herança de seu pai?

Barão de Holbach

Será que não se deve fazer o mesmo juízo das *substituições*,[6] das *retomadas feudais*,[7] cuja finalidade é unicamente impedir o desmembramento das propriedades de uma família? Importa muito pouco à sociedade que uma família ou que um nobre tenha como mostrar amplamente sua vaidade ou se corromper; mas é importante para uma nação que as leis injustas sejam abolidas e que diversos cidadãos possam viver honestamente de um bem que não serviria senão para estragar uma pessoa.[8]

Reconhece-se geralmente que as riquezas corrompem os costumes. É necessário, pois, concluir que muitos governantes têm profundo desprezo pelos bons costumes, e os consideram como inúteis à felicidade de um país, sobretudo vendo com que solicitude eles se dedicam a acender a sede do ouro nos corações dos súditos e como possibilitam, todos os dias, novos meios de aumentar a massa da riqueza nacional. Vê-se políticos experientes que não falam aos concidadãos senão de novos ramos de comércio, de empreendimentos lucrativos, de conquistas vantajosas – o que prova que esses especuladores, pouco escrupulosos sobre a moral, imaginam que a sua querida pátria seria muito feliz se chegasse a ela as riquezas do mundo inteiro. No entanto, tudo pode nos convencer de que se os deuses, em sua

---

6 Disposição pela qual o testador poderia impedir que seus herdeiros se desfizessem de alguns bens, a fim de preservar o patrimônio familiar. (N. T.)

7 Direito conferido a um senhor de recuperar uma propriedade vendida por um de seus vassalos, reembolsando todas as despesas do comprador. (N. T.)

8 Para o Estado é interessante que as terras sejam divididas em pequenas granjas, onde vivem diversas famílias, mais que em grandes fazendas. Na Inglaterra, às vezes, as grandes fazendas fazem que os fazendeiros se tornem monopolistas.

Etocracia ou o governo fundamentado na moral

cólera, atendessem seus desejos insensatos, seu país, em vez de ser uma ilha afortunada, se tornaria antes a morada da corrupção, da discórdia, da venalidade, da melancolia e do tédio, que sempre acompanham a licenciosidade dos costumes.[9]

Os soberanos cometem um enorme erro quando mostram muita estima pelas riquezas; eles despertam nos espíritos um furor generalizado que só pode ser extinto com a aniquilação da sociedade. A avareza é uma paixão ignóbil, pessoal, insociável e, com isso, incompatível com o verdadeiro patriotismo, com o amor pelo bem público e mesmo com a verdadeira liberdade. Tudo está à venda em um povo infectado por essa sórdida epidemia; trata-se apenas de combinar o preço. Porém, como, em uma nação com essa característica e pouco sensível às honrarias, tudo se paga em dinheiro e à vista, o governo nunca é bastante rico para pagar os serviços que são prestados à pátria. A honra, a verdadeira honra, sempre inseparável da virtude, só se encontra onde a virtude reina. A liberdade não pode subsistir por muito tempo em almas aviltadas, só pode ser sentida e defendida por almas nobres e desprendidas.

O comércio, fornecendo aos cidadãos meios de se desfazerem das suas produções, merece a atenção de todo governo ocupado com a felicidade de seus súditos. As melhores leis que o legislador pode promulgar sobre esse tema consistem em protegê-lo e em conferir-lhe a máxima liberdade. Porém, se o governo esclarecido deve sua proteção e seu favor ao comércio verdadeiramente útil, àquele que põe a nação em condições de trocar suas

---

9 Os ingleses são o povo mais rico e melancólico da Europa. A própria liberdade não pode lhes inspirar alegria; eles temem perdê-la porque na sua terra tudo vira comércio.

mercadorias supérfluas por coisas necessárias que ela é obrigada a obter dos estrangeiros, esse mesmo governo não irá sacrificar os interesses do comércio útil aos de um comércio inútil e perigoso, que se ocupa apenas dos objetos frívolos do luxo e da vaidade, objetos que servem apenas para corromper as nações. O comerciante útil é um homem precioso para seu país e merece ser encorajado pelo governo; o comerciante e o fabricante dos artigos de luxo são envenenadores públicos, cujas mercadorias sedutoras espalham por toda parte a contaminação e a loucura. Podemos compará-los a esses navegantes que, querendo domesticar sem dificuldade algumas nações selvagens, presenteiam os homens com armas, facões e aguardente, e as mulheres com colares, espelhos e bibelôs sem nenhum valor.

Em poucas palavras, para fixar as ideias, nós chamaremos de *comércio útil* aquele que proporciona às nações objetos necessários à sua subsistência, às suas necessidades básicas e mesmo à sua comodidade e ao seu divertimento. Chamaremos de *comércio de luxo*, ou *comércio inútil e perigoso*, aquele que só apresenta aos cidadãos coisas das quais eles não têm nenhuma necessidade real, e que servem apenas para satisfazer as necessidades imaginárias da vaidade. O legislador seria imprudente se favorecesse uma paixão fatal que, se não pode reprimir ou punir, pelo menos não deve jamais encorajar.

O castigo mais brando que um soberano deve infligir ao luxo é carregá-lo de impostos e manifestar o desprezo mais evidente. Os impostos sobre o luxo seriam justíssimos, já que eles só poderiam recair sobre os ricos e poupariam os indigentes. Os próprios ricos não poderiam se queixar deles, porque, como os objetos de luxo não são essenciais, dependeria deles suprimi-los para se livrarem da taxa. Impostos bem altos sobre os palácios suntuosos, jardins, imensos parques, carruagens de luxo, diversos lacaios que a ostentação rouba da agricultura, incontáveis cavalos, e muitos outros itens, não poderiam deixar de gerar para o Estado rendas consideráveis, já que a vaidade, mãe do luxo, é uma paixão teimosa, e que talvez imagine que uma taxação pesada, anunciando a opulência, atraia a consideração do público para aquele que é afetado por ela.

Porém, nas nações infectadas pelo luxo, os médicos indicados para curar esse mal são mais afetados por ele que outras pessoas. Eles consideram o luxo como uma *doença sagrada*, na qual não é permitido tocar; eles preferem mandar vender o catre de um camponês que não tem condições de satisfazer um coletor de impostos do que obrigar um colecionador a pagar por um quadro ou uma cortesã pelas joias e pedrarias que ela tirou de seus amantes. O luxo tem fascinado de tal maneira os habitantes de algumas regiões que as necessidades mais reais são forçadas a dar lugar às necessidades da vaidade. Existem homens que se recusam a comer a fim de pouparem o suficiente para se exibirem em uma carruagem ou com uma vestimenta suntuosa.

Os partidários do luxo não deixarão de dizer que as extravagantes despesas dos ricos dão trabalho ao pobre e o colocam em condições de subsistir. Porém, responderemos que é o agricultor o verdadeiro pobre que deve ser encorajado. É ele que, incessantemente pressionado para satisfazer as exigências do governo, não tira nenhum proveito do luxo, que muitas vezes lhe rouba os colaboradores dos seus trabalhos, tão necessários para engrossar, nas cidades, a tropa de lacaios ociosos pelos quais os ricos e os poderosos gostam de se ver rodeados. Diremos ainda que o luxo deprava os indigentes, ele os torna preguiçosos, faz que nasçam neles mil necessidades que não podem ser satisfeitas sem perigo ou crime. Aqueles que subsistem apenas pela vaidade ou pelas fantasias de um público em demência são quase sempre pessoas muito pouco recomendáveis. Nada é mais deplorável do que os efeitos do luxo ou da vaidade burguesa, quando atingem as classes inferiores. É esse luxo que leva tantos comerciantes a abrirem falência, que a lei não deveria tratar com a mesma indulgência com que trata as falências ocasionadas por algumas desgraças imprevistas. É a fatuidade dos patrões, copiada por seus criados, que enche as cidades de tantos lacaios velhacos, que levam a devassidão, a paixão pelo jogo e a vaidade até às aldeias e aos campos. Enfim, são os vícios gerados pelo luxo que conduzem tantos desgraçados à forca, e tantas moças à prostituição.

Portanto, nada seria mais digno da atenção de um bom governo do que reprimir a progressiva vaidade dos cidadãos, contê-los nos limites da sua posição e obrigá-los a viver de acordo com o meio. Para dar, com efeito, definição exata do luxo – que por tanto tempo tem sido buscada –, é possível dizer que ele é *uma vaidade ciumenta, que faz os homens se esforçarem sem parar para imitar, igualar ou mesmo ultrapassar uns aos outros nas despesas inúteis, que excedem a sua condição ou os seus meios.* Essa definição parece ser adequada ao luxo sob qualquer ponto de vista que se possa considerar. Um soberano que, por vã ostentação, arruína seu Estado para construir palácios, formar para si uma corte brilhante e manter exércitos mais numerosos do que suas rendas comportam, manifesta um luxo mais ordinário e mais censurável, sem dúvida, por suas consequências, do que um homem do povo que se exibe nas ruas coberto de ouro e seda – com a diferença, no entanto, de que o homem do povo só é ridículo porque os nossos olhos não estão acostumados a vê-lo nesses trajes, ao passo que a loucura mais comum do primeiro o

Etocracia ou o governo fundamentado na moral

torna evidentemente culpado de dissipar em despesas frívolas as somas que deveria utilizar em objetos úteis e necessários ao bem-estar de seus súditos.

O luxo dos soberanos é, para uma nação, a maior das desgraças. As leis fundamentais de todo governo justo deveriam conter a vaidade muito comum àqueles que estão destinados, por sua posição, a frear as paixões alheias. A monarquia foi, em todos os tempos, considerada como o governo mais apropriado para criar e propagar o luxo. Aqueles que, por suas funções, estão próximos do monarca, se esforçam para imitá-lo; comumente, eles afirmam que é para homenageá-lo ou para agradá-lo, quando na verdade eles se arruínam com o objetivo de se distinguirem do vulgo, pois sua vaidade não tolera vê-los confundidos. Os ricos, embora de classe inferior, querem copiar os cortesãos e os poderosos, porque estes desfrutam de poder que sempre inspira respeito. Enfim, os cidadãos das classes menos elevadas imitam tanto quanto podem os das classes superiores, a fim de usufruírem durante alguns instantes do prazer passageiro de serem confundidos com seus superiores — ou, pelo menos, para se preservarem do desprezo e dos ultrajes aos quais a indigência está muitas vezes exposta. O luxo penetra mais lentamente nas repúblicas porque o homem do povo teme menos os seus superiores, que, além do mais, não estão entregues ao fausto que se vê imperar nas cortes dos reis.

Nas nações opulentas, somente a riqueza é honrosa, a pobreza torna-se um vício e a indigência é rudemente rejeitada pela opulência sempre arrogante. Sob o despotismo sempre vão e soberbo, pobreza e fraqueza são em geral esmagadas. Se alguns governos mais justos e humanos tornassem os poderosos e ricos também mais justos, mais afáveis e menos desdenhosos para com seus inferiores, haveria motivos para crer que estes estivessem menos dispostos a sair da sua esfera, ou seja, cada cidadão, mais satisfeito com sua posição, não procuraria iludir os outros com ares de fatuidade, cujo objetivo é normalmente procurar persuadir de que possuímos algumas vantagens que não temos de fato.

É também a arrogância insultante dos poderosos que, mais ou menos bem imitada pelos pequenos, é a fonte primitiva dos ridículos e das bizarrices nacionais que observamos na maior parte dos habitantes de certas regiões. É visivelmente da corte que emanam esses ares de importância, essas maneiras afetadas, essa presunção desdenhosa e essa fatuidade copiados tão canhestramente pelo homem do povo, em suma, todas as impertinências que às vezes tornam um povo inteiro desprezível aos olhos dos estrangeiros. Em uma nação infestada por essa vaidade epidêmica, um homem sensato não acredita ver senão uma trupe de mímicos, bufões e comediantes. Ninguém quer ser o que é; todos, até os lacaios, tratam, pela aparência e modos, de fingir serem homens importantes. É bem difícil achar uma cabeça sólida, um caráter estimável em um tolo, em um janota, em um fanfarrão cujo cérebro está cheio apenas de vento e ninharias.

O luxo é uma espécie de impostura pela qual os homens convencionaram enganar uns aos outros, e eles conseguem muitas vezes enganar a si mesmos. Um tolo acaba por se crer um homem de importância. Uma cortesã, pelo luxo, quer ser considerada em público como uma mulher de qualidade pela linguagem e maneiras que possui dentro de casa. Quanto mais um Estado é vil, mais aqueles que nele ocupam uma posição buscam se sobressair por meio de signos exteriores de grandeza ou de opulência. Os poderosos das cortes despóticas da Ásia se notabilizam por magnificência e luxo desenfreado; escravos aviltados e rastejantes na presença de um sultão orgulhoso tratam de se destacar diante dos olhos da populaça atônita. O poder real, a verdadeira grandeza, não têm nenhuma necessidade dos auxílios do fausto para se fazer respeitar. Um bom príncipe teria vergonha de dever ao vão aparato do luxo a veneração que ele merece por si. Ostentação, etiqueta, magnificência — aquilo que os cortesãos chamam de *esplendor do trono* — quase sempre só servem para ocultar dos olhos dos povos a pequenez e a tolice daqueles que os governam. Nada está mais fora de lugar do que a vaidade em um poderoso monarca; essa paixão pueril custa muitas lágrimas aos seus súditos, obrigados a trabalhar sem descanso e sem jamais conseguir satisfazê-los. O alívio dos povos constitui o esplendor dos grandes reis.

Reconheceu-se em todos os séculos os perigos do luxo disseminado pelas classes inferiores do povo; vãos esforços têm sido feitos para reprimi-lo por intermédio de leis suntuárias. Porém, alguns legisladores, cegos pela vaidade que se respira nas cortes, não viram que os pequenos se entregavam a mil despesas ridículas para imitar os grandes; não viram que, para ser eficaz, a reforma dos costumes deveria ter começado pelo soberano e por sua corte; não viram que as leis suntuárias, feitas para cidadãos de posição inferior, os aviltava cada vez mais, dando aos poderosos ainda mais vaidade. Ninguém precisa se espantar, portanto, com o fato de as leis suntuárias terem sido quase sempre violadas ou burladas tão logo promulgadas.[10]

---

10 Luís XIII promulgou ou reeditou leis contra o luxo, em 1613, 1617 e 1620, que não tiveram efeito (cf. *Recueil K*). "Os príncipes só deveriam se destacar por suas virtudes, sem procurarem brilhar por meio de ornamentos inúteis; eles são bastante conhecidos e respeitados por

Barão de Holbach

Lutar contra o luxo é combater uma paixão inerente à natureza humana. Cada homem quer, tanto quanto possível, imitar, igualar ou sobrepujar seus semelhantes, e, sobretudo, copiar aqueles que ele acredita serem mais felizes ou mais poderosos do que ele. O homem sofre todas as vezes em que tem de renunciar a isso. Em uma monarquia faustosa, o luxo acabará por se propagar, em maior ou menor grau, até as mais ínfimas classes da sociedade.

A melhor lei suntuária seria o exemplo de um príncipe inimigo do luxo e do fausto, amigo da simplicidade, que logo seria seguido pelos poderosos da corte, sempre prontos a receber as influências de seu senhor. Com isso, a modéstia se tornaria sinal de grandeza, reputação e poder. Para se assimilar aos seus superiores, os outros cidadãos adotariam sem dificuldade uma *moda* pouco custosa e que deixaria de lembrar-lhes a sua inferioridade.

---

sua posição e autoridade para não desejarem ser vistos como brilhantes por causa de algumas pedrarias [...] Faz parte dos costumes da França que o fidalgo queira imitar o príncipe, e se ele vê que seu senhor se adorna com pedrarias, quer tê-las também, mesmo que precise vender suas terras, seus campos, ou entrar para o comércio. [...] Não haveria mal nenhum de os reis e príncipes luzirem pelo brilho das joias, e isso seria bom se os fidalgos de condição inferior não quisessem imitá-los (o que deveria ser proibido expressamente)" (*Recueil G.* p.156). Durante o reinado de Luís XIII, um magistrado dizia que "as leis suntuárias contêm os homens em uma vida regrada, viril e virtuosa... De que serve o nascimento para a guerra, a prudência nos conselhos, a justiça nos julgamentos, se a temperança não contém os súditos, na vida privada, nos limites de uma justa moderação? [...] Entre os romanos, as leis suntuárias eram a todo momento infringidas e reeditadas; e o exemplo nos ensina que os éditos proibitivos do ouropel e tecido de ouro e prata não encontram obediência entre os franceses" (*Compilação K*, p.153).

Etocracia ou o governo fundamentado na moral

Além do mais, resultariam dessa conduta algumas vantagens inestimáveis para os poderosos e nobres, devorados por um luxo habitual, cujos negócios se desorganizam perpetuamente na corte, onde acreditam serem obrigados a se exibir. Por seu lado, o monarca não se veria forçado a arruinar-se, ou antes a oprimir seu povo para atender às demandas de uma multidão de cortesãos endividados, que uma sábia economia colocaria na abundância.[11] Mesmo as mulheres, em geral tão sensíveis às vãs bagatelas do luxo, adquiririam o gosto pela simplicidade logo que ela se tornasse a moda da corte, um sinal de grandeza, um meio de merecer os olhares favoráveis do príncipe – do qual todos se sentiriam obrigados a adotar as maneiras e o tom.

É assim que, com o auxílio da própria vaidade, se conseguiria curar as chagas que a vaidade do luxo causa a tantas nações. É o fausto dos soberanos que força seus súditos a se arruinarem seguindo seu exemplo.

O luxo de *exibição*, que é acompanhada incessantemente por todo o aparato do fausto, e que, quase sempre, torna-se para a vaidade das pessoas com cargos públicos a maior das necessidades, é fonte de ruínas para todos. Deixando a corte do príncipe, o homem com cargo público vai levar o seu luxo para a província, que logo se vê infectada por ele; ele desorganiza os seus próprios negócios e destrói os dos outros. Nem o governo mais esbanjador pode sustentar o fausto que a vaidade dos poderosos crê necessário para a sua posição ou dignidade.

---

11 Luís XIV, ao deixar a capital francesa para residir em Versalhes, não percebeu que dobrava a despesa de seus cortesãos, obrigados a multiplicar seus lacaios, cavalos e carruagens, a fim de irem lhe fazer a corte. As frequentes viagens dos príncipes são ruinosas para os súditos.

Um governo sábio deveria seguir caminhos ainda mais diretos para reprimir o luxo insolente e escandaloso que, em público, algumas mulheres consagradas à devassidão exibem. Uma política severa deveria punir o vício quando ele ousa erguer troféus diante dos olhos das nações. Se o governo não pode impedir a desordem oculta, deve ao menos impedi-la de se mostrar com um brilho que serve para irritar a virtude e corromper a inocência. Com que olhos as mulheres honestas, as esposas virtuosas e as moças inocentes deveriam ver a brilhante condição que a devassidão proporciona a algumas prostitutas, que seus amantes têm a loucura de transformar em deusas?

Os apologistas do luxo nos dirão que sua supressão na corte e nas cidades diminuiria consideravelmente as rendas do Estado, impediria uma nação afamada por seu bom gosto e suas modas de recorrer aos serviços dos outros povos e, enfim, tornaria inútil uma multidão de homens que tiram sua subsistência da vaidade de seus concidadãos.

Um célebre satírico da Antiguidade fazia os homens ávidos do seu tempo dizerem que *o dinheiro devia ser o objeto primordial das ambições; a virtude viria depois do dinheiro*.[12] É essa a linguagem que muitos governos, tidos como esclarecidos, parecem falar a seus súditos; e também é aquela de grande número de especuladores que, seduzidos pelas frívolas vantagens que o luxo proporciona, não veem o cortejo de males que ele arrasta atrás de si. Nós lhes diremos, entretanto, que um Estado bem organizado, regulado por uma sábia economia, por cidadãos honestos e moderados, não precisa da enorme massa de riquezas que

---

12 "O Cives! Cives! quaerenda pecunia primum;
Virtus post nummos" (Horácio).

Etocracia ou o governo fundamentado na moral

se torna necessária para pôr em atividade os súditos ávidos de uma nação corrompida pelo luxo, na qual as rendas que o Estado extrai, ao seu bel-prazer, com violência de vinte aldeias mal bastam para pagar os pretensos serviços — ou, antes, a negligência e a imperícia — de um cortesão ou de um poderoso. Um governo corrompido nunca é suficientemente rico, mas um governo honesto é servido por cidadãos honestos, no coração dos quais o amor pela pátria e o desejo da verdadeira glória atuam mais poderosamente que o dinheiro. Pagar a virtude é insultá-la; assim, nunca é demais repetir que os bons costumes são mais úteis às nações do que as riquezas. Uma opulência muito grande perverte tanto os povos quanto os indivíduos. É no meio-termo que mais se encontra a tranquilidade e a verdadeira felicidade.

A experiência de todos os tempos prova que os povos mais ricos estão muito longe de serem os povos mais afortunados. Em geral, sua opulência os torna ambiciosos e arrogantes, eles querem frequentemente prescrever leis aos outros, sua insolência atrai inimigos numerosos, e estão perpetuamente em guerra. Como as rendas normais do Estado não podem ser suficientes para os temerários empreendimentos de um governo arrogante, ele duplica os impostos e contrai dívidas que o funesto crédito lhe permite acumular. A nação geme, submetida a múltiplas taxas; da mesma forma que esses ricos endividados e em dificuldades, ela nunca consegue organizar seus negócios; ela é pobre, embora repleta de cidadãos opulentos. No entanto, esses maus cidadãos, enriquecidos à custa de seu país, entregam-se ao vício, luxo e preguiça; mergulhados na devassidão, e totalmente ocupados com os seus prazeres, não se incomodam com o destino da pátria, nem com o bem-estar de seus concidadãos.

Uma nação feliz é aquela que contém grande número de bons cidadãos. Os bons príncipes fazem boas leis, e essas leis fazem os bons súditos. O bom cidadão é aquele que é útil a seu país, em qualquer posição em que esteja situado: o pobre realiza sua tarefa social por meio de um trabalho honesto ou do qual resulta um benefício sólido e real para os concidadãos; o rico realiza sua tarefa quando ajuda o pobre a fazer a dele. É socorrendo a indigência ativa e laboriosa, é pagando por seus trabalhos, é facilitando os meios de subsistir – ou seja, é pela beneficência – que o rico pode pagar suas dívidas com a sociedade. Portanto, é desviando o espírito dos cidadãos ricos das fantasias insensatas e nocivas do luxo e da vaidade, para levá-lo em direção à beneficência útil à pátria, que o legislador estabelecerá em seu país a harmonia social, sem a qual não pode haver nele felicidade para ninguém.

A ambição se torna a paixão daquele que, por meios de suas riquezas, é dispensado de pensar na sua subsistência. O legislador pode, portanto, servir-se com vantagem do desejo que tem o rico de elevar-se cada vez mais, de se destacar da multidão dos cidadãos, para voltar suas vistas para o lado da utilidade geral. Será que o homem opulento que se torne útil à sua pátria por meio de algumas obras públicas, desbravando grandes áreas para a agricultura, promovendo drenagens que aumentem as áreas de cultivo e a salubridade, e construindo canais que facilitem o comércio interior e a irrigação das terras, não teria direitos bem fundamentados ao reconhecimento público? Será que um poderoso, um rico, que em seus domínios subsidie a indigência para favorecer o crescimento da população, estabeleça manufaturas capazes de ocupar os pobres e expulse a ociosidade e a mediocridade, não mereceria distinções, homenagens

Etocracia ou o governo fundamentado na moral

e recompensas com muito mais justiça do que tantos nobres ou poderosos que absorvem todos os favores do príncipe por terem assiduamente vegetado, intrigado e conspirado em uma corte, ou por terem se arruinado por um fausto nocivo para eles mesmos e para os outros?[13]

Se uma educação mais sociável ensinasse ricos e nobres a serem cidadãos, se os preconceitos desumanos da grandeza não os fizessem crer que os povos são escravos destinados a alimentar sua vaidade, se um orgulho insensato não sufocasse, nos corações dos homens mais opulentos e mais eminentes de um Estado, todo sentimento de piedade, de gratidão e de afeição social, será que eles não teriam mais prazer em exercer, sobre seus inferiores, o domínio tão brando da bondade que se faz amar do que o domínio tirânico da injustiça e da vaidade que sempre é detestada? Será que os homens tidos como os mais felizes desta Terra não deveriam ser mais afetados pelo prazer sólido e puro de espalhar a felicidade em torno deles do que pelos prazeres frívolos, mesclados com a amargura e o tédio, experimentados nas cidades barulhentas, nos festins suntuosos e nas cortes corrompidas, que reúnem senão invejosos e inimigos e de onde a verdadeira alegria foi para sempre excluída? Será que os vãos prazeres do luxo, a satisfação pueril despertada transitoriamente pelo fausto, pela posse de uma joia ou de um móvel precioso podem ser comparados aos prazeres sempre renascentes da generosidade, à satisfação interior produzida a

---

13 Os maometanos ricos consideram ações meritórias edificar abrigos, chamados de caravançarás, para os viajantes, assim como construir fontes. É raro que os viajantes deixem esses locais, depois de terem se refrescado e matado a sua sede, sem abençoar a memória daqueles que ergueram esses monumentos de beneficência.

Barão de Holbach

todo momento pelo espetáculo tão doce de homens tornados felizes por terem recebido benefícios? Que espetáculo da cidade ou que brilhante festa da corte tem mais direito de comover um coração sensível do que a visão de campos que se tornaram férteis, de agricultores entregues a seus divertimentos inocentes, da natureza inteira transformada pelos seus cuidados? A vida está repleta das mais puras alegrias quando se conhece o prazer de fazer o bem.

Eis aí os sentimentos que a educação deveria inspirar à nobreza, assim como à opulência; a legislação deveria fortalecê-los e o soberano recompensá-los. A moral, sempre em condições de provar a qualquer cidadão que seu interesse está ligado ao dos seus associados, convencerá os ricos de que fazer o bem é gastar utilmente o seu dinheiro, é obter para si vantagens, honra e glória. A bondade não pode degradar nenhum mortal. Sob a autoridade de um bom governo, cujos projetos auxiliará, o nobre virtuoso pode reinar em suas terras; ele preferirá esse domínio ao prazer insensato de submeter seus vassalos a um poder tirânico, a uma arrogância insuportável e a maus-tratos que atrairiam para ele apenas o ódio. É comumente por culpa deles mesmos que os poderosos da Terra são detestados por seus inferiores; as injustiças dos grandes produzem e alimentam as perversidades dos pequenos.[14] Atando as mãos dos ricos, quase sempre prontas a causar dano, o legislador restabelece prontamente um equilíbrio necessário para florescer os bons costumes e tornar seus Estados opulentos e afortunados.

---

14 Que apreço os camponeses podem ter pelo senhor ao verem que ele gosta mais dos cervos, javalis, lebres e coelhos do que deles? O direito de caça, independentemente das vexações que acarreta, é um flagelo anual e permanente para a agricultura e a economia rural.

Em todo governo bem organizado, a agricultura, as manufaturas e o comércio devem atrair os cuidados atentos da administração, desfrutar da sua proteção fiel e ser exercidos com liberdade. Eis aí as fontes legítimas da riqueza do Estado e do cidadão. O solo é a base da felicidade nacional; é o solo que deve fornecer ao povo a subsistência, satisfazer às suas necessidades, seus divertimentos e seus prazeres. Muitos escritores zelosos e virtuosos provaram, por meio de múltiplas obras, a atenção que o governo deve dar à agricultura, da qual, como de um tronco, partem todos os ramos e ramificações da economia política.[15] Nada pode ser acrescentado aos projetos úteis que o amor pelo bem público lhes ditou. Em uma obra que tem unicamente a moral como finalidade, bastará repetir que ela está sempre de acordo com a política sadia.

Os deuses, diz Hesíodo, *deram o trabalho para ser guardião da virtude:* o trabalho conserva os bons costumes do povo e previne a desordem e o crime. É à desocupação de tantos desgraçados que as nações devem a mendicidade, que, transformada para elas em um flagelo, os governos não podem eliminar sem a maior dificuldade. Em um Estado bem regulado, todo homem que pode fazer uso de seus membros deve obter sua subsistência pelo trabalho; a lei deve obrigar a trabalhar aquele que se recusa a ser bom em alguma coisa. Como os países repletos de terrenos incultos e de desertos deixariam de fornecer um exercício para tantos braços que são vistos sem atividade? Será que tantos proprietários

---

15 Toda a Europa conhece as incontáveis obras publicadas ao longo de muitos anos, na França, por uma sociedade de bons cidadãos conhecidos como *economistas* [ou *fisiocratas*], cuja útil associação é devida ao zelo patriótico do falecido Quesnay, médico do rei, e do marquês de Mirabeau, autor de *Ami des hommes* [*O amigo dos homens*].

Barão de Holbach

negligentes, que não obtêm das suas terras a metade das rendas que poderiam extrair delas, não têm amplos meios de ocupar vantajosamente uma multidão de pobres que se queixam da falta de trabalho? Será que cada cidade, cada província ou distrito não poderiam ter oficinas sempre prontas para receber a indigência laboriosa? Será que tantos mendigos robustos não deveriam liberar os agricultores dessas corveias onerosas, que quase sempre os afastam de seus trabalhos mais prementes? Em poucas palavras, os trabalhos contínuos e necessários em um Estado devem servir para a subsistência de todo pobre honesto, assim como para o castigo legítimo de todo indigente que, por preguiça e vícios, tenha sido levado à desordem ou aos crimes.

Basta uma experiência cotidiana para nos convencer de que os diversos asilos que a religião cria para os indigentes, assim como as caridades que a humanidade compassiva derrama a todo momento no meio dos pobres, são remédios insuficientes contra a mendicidade. Alguns governos acreditaram que deviam forçar os cidadãos a irem em socorro dos desgraçados; tem-se visto, algumas vezes, as nações pagarem enormes impostos, sem conseguirem diminuir o número de pobres, que, pelo contrário, aumenta a cada dia.[16]

---

16 De acordo com cálculos recentes, a "taxa dos pobres", ou imposto que se cobra na Inglaterra sobre as possessões territoriais, eleva-se à incrível soma de 3 milhões de libras esterlinas (70 milhões de libras de Tours); e essa soma não é suficiente para a subsistência e os cuidados da multidão de infelizes que se encontra na nação mais rica da Europa. É verdade que as nações onde se encontram as maiores riquezas contêm mais desafortunados do que pessoas prósperas! É verdade que o comércio só enriquece poucos cidadãos e deixa os outros na miséria! É verdade que o luxo faz muitos infelizes, sem fazer um bom número de felizes (cf. Lorde Kames, *Sketches of the history of man*, t.II., 1774, p.45 *ss*).

Etocracia ou o governo fundamentado na moral

A caridade torna-se funesta todas as vezes em que encoraja a preguiça. O pobre, quando pode, deve viver do seu trabalho; e quando não pode, a sociedade deve ir em seu auxílio. As nações civilizadas têm diversos hospitais e refúgios para os enfermos e os doentes; essas casas, quase sempre muito bem providas, bastariam para todos os doentes se as moradas da infelicidade fossem bem administradas, porém, por fatalidade muito comum, os bens destinados ao socorro do pobre são quase sempre devorados pelos ricos, que cometem a cruel baixeza de surrupiar os benefícios de seus concidadãos caridosos. Roubar dos ricos é um crime, sem dúvida, mas enriquecer à custa da indigência enferma e despossuída manifesta uma perversidade que a leis não podem deixar de punir com o mais extremo rigor.

Encarregado da comiseração pública, o governo deve, portanto, se ocupar do cuidado dos pobres, deve empregar utilmente os que são sadios e prover os impotentes e doentes. Talvez fosse mais vantajoso que cada aldeia ou distrito fosse encarregado de cuidar dos seus pobres, que, sendo mais bem conhecidos onde vivem do que em outros lugares, não estarão em condições de enganar o público demasiado crédulo com enfermidades falsas.

Socorrer o pobre é um dever do rico. Se toda riqueza e toda miséria nacional fossem conhecidas, cada cidadão opulento saberia a porção de miséria que teria de aliviar – essa porção seria proporcional às suas posses ou rendas. Ao quitar essa dívida, ele estaria apenas sendo justo; para ser generoso e beneficente seria preciso que fosse além dessa proporção. O governo deve agir de modo que a dívida do rico para com o pobre seja paga.

O comércio, a navegação, as indústrias, os exércitos e os ofícios deveriam bastar para livrar a sociedade dos ociosos que a sobrecarregam.

Necessário à agricultura para transportar e trocar as mercadorias produzidas na terra, o comércio merece ser favorecido por todo bom governo. Porém, o maior favor que o soberano pode fazer é conceder ao comércio as maiores facilidades, livrá-lo das cadeias das taxas e das leis proibitivas, que servem apenas para desencorajar o comerciante e enriquecer o cobrador de impostos – que é útil apenas para si mesmo. Mostrando amor pela simplicidade e desprezo pelas produções caras e fúteis do luxo, o soberano poderá sem violência fazer decair pouco a pouco esses comércios de inutilidades que a opulência extravagante adquire dos extremos da Terra. Se os príncipes e os poderosos não dessem aos cidadãos o exemplo contagioso das suas fantasias, não se teria necessidade de tantas bagatelas custosas que se vai buscar nos dois hemisférios. Contentes com as produções e manufaturas de nosso país, não se dariam o trabalho de mandar buscar a grandes custos curiosidades inúteis e bizarras de terras distantes.

O crédito é necessário ao comércio, de onde se deduz que o legislador deve banir a fraude e a má-fé. Assim, as leis jamais devem deixar impunes as bancarrotas fraudulentas que alguns comerciantes infames consideram como um meio fácil de obter fortuna. Ladrões dessa espécie arruínam a confiança pública; todos os povos da Terra, longe de lhes dar abrigo, estão igualmente interessados em que eles sejam castigados.

As leis, diante das queixas das partes lesadas, também devem infamar ou punir, em uma justa proporção, mercadores, artesãos, operários e artistas sem princípios, que são vistos tantas vezes abusando com impudência da ingenuidade dos cidadãos: uma justiça célere e sumária logo faria cessar as rapinas e as fraudes de tantos pequenos comerciantes que se veem

Etocracia ou o governo fundamentado na moral

garantidos pelo temor inspirado pelos processos judiciais longos e custosos. Esses mercadores sem honra fazem que recaia sobre a sua profissão um verniz de desprezo, do qual seus confrades mais honestos deveriam procurar se desfazer. Em uma nação corrompida, o comércio degenera em tamanha roubalheira que todo mercador acaba por ser considerado um gatuno, ou por ser realmente um.

O governo, colocando-se do lado do público, deve também vigiar as indústrias, impedir que elas enganem ou se deteriorem; isso rapidamente traria prejuízo para as produções nacionais e faria que se recorresse ao estrangeiro para obter mercadorias que a pátria pode fornecer a seus filhos. Não é causar dano à liberdade do homem impedi-lo de agir mal. O governo pode, portanto, impedir o mercador e o industrial de enganar seus concidadãos e os estrangeiros, por medo de que eles desacreditem a indústria nacional. Também deve tomar cuidado com a conivência frequente que vemos se estabelecer entre o comerciante patife e pessoa a quem é confiada a vigilância da sua conduta. Uma administração prudente jamais deve perder de vista os que ela encarrega do cuidado de fiscalizar os outros.

Por fim, o governo, que sempre deve estender uma mão auxiliadora para o pobre laborioso que faz esforços para sair da miséria, não deixará de abrir o campo mais livre para a atividade de todos os seus cidadãos dispostos a trabalhar. Os privilégios exclusivos, as *jurandas*,[17] os direitos exigidos pelas comunidades, por exemplo, são obstáculos opostos à indústria, que

---

17 No Antigo Regime, um grupo de mestres de determinado ofício, encarregados de zelar pela qualidade do trabalho e pelos interesses dos seus colegas. (N. T.)

impedem o indigente de melhorar a sua sorte. Se é preciso ser rico para ter direito de trabalhar, que recurso restará aos pobres para subsistir?

Para resumir os princípios difundidos neste capítulo, diremos que nos propusemos a provar que um governo justo deve favorecer senão as fortunas honestas, que ele não pode – sem se tornar condenável – permitir que alguns homens privilegiados enriqueçam à custa do público, que as leis demasiado favoráveis aos ricos são iníquas, e que elas devem igualmente proteger o pobre e impedi-lo de ser oprimido. Mostramos que o legislador deve ocupar o indigente e induzir o opulento a favorecer seus trabalhos. Acreditamos ter demonstrado os perigos do luxo e as vantagens inestimáveis de uma sábia economia. Demonstramos a importância da agricultura, do comércio e das manufaturas, e apresentamos sumariamente os meios de banir as fraudes. Enfim, provamos que a felicidade nacional não pode ser o efeito senão da equidade do soberano, da beneficência dos ricos e do trabalho dos pobres.

Tais são, ó virtuoso Turgot!,[18] os efeitos que um grande império deve esperar da tua sabedoria e da tua probidade, do qual o monarca justo te confia o destino. Não. Apesar dos incontáveis obstáculos que se opõem ao bem, apesar do ódio ativo e poderoso que contraria os teus honestos desígnios, tu

---

18 Anne Robert Jacques Turgot (1727-1781), economista e político francês. Encarregado das finanças do governo de Luís XVI, Turgot elaborou diversas medidas contra os privilégios e monopólios, estabelecendo impostos mais justos e incentivando a liberdade da agricultura, do comércio e da indústria. Contrariando as expectativas otimistas de Holbach, Turgot foi vítima dos poderosos, cujos interesses contrariou, caindo em desgraça e tendo todas as suas medidas revogadas no final de 1776. (N. T.)

Etocracia ou o governo fundamentado na moral

não frustrarás a esperança de teus concidadãos; tu os amarás, porque eles estão acostumados a ter apreço e a respeitar o teu nome.[19] Encarregado de purificar as fontes da riqueza nacional, tu farás desaparecer esses monstros que as perturbam. Tuas mãos beneficentes enxugarão as lágrimas de um povo por muito tempo oprimido; tu farás que ele derrame apenas lágrimas de gratidão. Sustentado pela vontade firme de um senhor cheio de bondade, tu triunfarás sobre os complôs da opulenta iniquidade, tu serás o consolador do cidadão e do pobre.

---

19 O senhor Turgot, ministro de Estado e controlador-geral das finanças no reinado de Luís XVI, é filho de um magistrado cuja memória é prezada por todos os parisienses, pelo grande número de monumentos úteis que adornou a capital. [Turgot era filho de Michel-Étienne Turgot (1690-1751), preboste dos mercadores de Paris. (N. T.)]

IX

Das leis morais relativas aos sábios, ciências, letras e artes

Hermes ensinou ciências e artes ao Egito; Orfeu tirou a Grécia da barbárie. A função dos letrados é instruir seus concidadãos a fim de torná-los mais felizes.

Não se pode duvidar de que a ignorância é a fonte dos vícios ou do mal moral entre os homens. A ignorância é a falta de experiência e de reflexão, sem as quais os homens não passam de crianças imprudentes em sua conduta, entregues a todas as paixões de uma natureza sem guia, incapazes de fazer bom uso dos objetos que os rodeiam.

Os sábios são homens que fazem experiências ou que refletem pelos concidadãos, que devem ser gratos quando os trabalhos e as pesquisas dos pensadores produzem descobertas verdadeiramente úteis. Os governos civilizados reconheceram as vantagens do conhecimento. Os soberanos justos, em geral instruídos, favoreceram os sábios, perceberam o valor das luzes e desejaram que elas se difundissem em seus Estados. Por meio de honrarias e recompensas, eles incentivaram a emulação entre os que podiam esclarecê-los acerca dos objetos de interesse para a sociedade. Os bons príncipes sempre sentiram que a ignorância só é boa para formar escravos, bárbaros, homens desprovidos de bons costumes, de engenho e de virtudes.[1]

Porém, os maus príncipes necessitam de súditos desse tipo. Os antigos citas furavam os olhos dos seus escravos para que nada pudesse distraí-los da tarefa que lhes era imposta. Assim deve ser sempre a política dos tiranos. Cegos por suas paixões, eles receiam as luzes para si mesmos e para seus escravos; temem sobretudo a filosofia, que raciocina e procura a verdade; têm horror da moral, porque ela acusa e combate a tirania. Os preceitos da moral devem parecer sátiras para homens que se identificam com a injustiça e a perversidade; opressores do gênero humano jamais tolerariam que os homens de espírito se ocupassem da política, porque toda discussão deve ser desfavorável a uma política absurda, perpetuamente ocupada com a destruição dos povos. Ou seja, eles não permitem que os pensadores reflitam sobre os objetos mais importantes para a sociedade porque a tirania não quer ser perturbada nas trevas, favoráveis e necessárias à realização dos seus sinistros projetos.

Nas nações corrompidas e mal governadas, os talentos se voltam para a frivolidade. Os homens mergulhados no luxo são inimigos de qualquer reflexão, seu espírito, debilitado como

---

1 O califa Almamune [786-833, califa de Bagdá] chamava os letrados de mestres da alma, de preceptores do espírito humano, de favoritos do céu, nascidos para serem as luzes das nações e para dissiparem as trevas da ignorância, que é a mãe da barbárie e da ferocidade (cf. Bibliothèque raisonnée, t.48, p.123). Carlos V [1338-1380, rei da França entre 1364 e 1380] – conhecido como O Sábio – dizia: *nunca é demais honrar os sábios ou a Sapiência; e enquanto a sapiência for honrada nesse reino, ele continuará a prosperar; mas quando ela for rejeitada, ele perecerá* (cf. Christine de Pisan, *Vie de Charles V*).

Etocracia ou o governo fundamentado na moral

seu corpo, não pode de maneira alguma se esforçar. Todos os objetos importantes parecem sérios demais para crianças levianas que só querem saber de divertimentos passageiros. É por isso que, entre os povos sujeitados pelo duplo jugo do poder arbitrário e do luxo, encontra-se comumente uma profunda indiferença por tudo aquilo que pode ser do interesse da pátria; os objetos verdadeiramente úteis são muito vastos para almas estreitas e limitadas. Assim, o agradável leva vantagem sobre o útil: todo pensador é visto como um extravagante, cujas especulações parecem ridículas, impraticáveis, fora de lugar. Produções fúteis, obras licenciosas, epigramas, canções, sátiras e adulações galantes são mais bem acolhidos do que os esforços do gênio, do que as descobertas mais importantes para a felicidade pública, pela qual pouquíssimas pessoas têm a condescendência de se interessar.[2] Alguns histriões, cantores e saltimbancos são homens mais interessantes, para o próprio governo, do que o homem raro que expõe diante dos olhos dos concidadãos o imenso painel dos conhecimentos humanos. E esses homens ainda têm sorte se algumas perseguições cruéis não pagam os trabalhos que deveriam ter merecido os mais evidentes sinais de

---

2 A poesia só é estimável quando é filosófica, instrutiva e moral, tal como aquela que se encontra nas obras de Voltaire, Saint-Lambert etc. Quanto às produções fúteis ou malignas, com as quais tantos poetas medíocres inundam a sociedade, podemos nos remeter ao juízo de Malherbe, que dizia que *um poeta era tão útil ao Estado quanto um bom jogador de boliche.* Os poetas desse tipo se lamentam incessantemente de que a *filosofia mata o gosto.* Sim, o *gosto* pelas futilidades, o *gosto* pelos elogios tediosos que há muitos séculos são repetidos a todas as mulheres. Um século filosófico, para aprovar os poetas, exige que eles sejam instruídos, digam as coisas e não palavras, abram mão da adulação e da frivolidade para anunciar verdades úteis ao mundo.

reconhecimento público! Tal foi a tua sorte, sublime e profundo Diderot! Tua pátria ingrata só se lembrou de ti para perturbar a tua gloriosa empreitada; ela te esqueceu completamente a partir do momento em que foi gloriosamente concluída. Ó, atenienses modernos! Crianças levianas e frívolas! Será que continuarão sempre a oferecer cicuta para os Sócrates, a quem deveriam oferecer altares e estátuas?[3]

Um governo que deseje a felicidade de seu povo considerará os sábios como colaboradores de seus trabalhos, cidadãos úteis e gente adequada para preparar os espíritos para receber o bem que o soberano quiser fazer ao seu povo. Os preconceitos só são úteis para aqueles que querem enganar ou causar dano. Os ministros virtuosos têm muitas vezes necessidade da opinião pública para fazer triunfar seus projetos mais sábios. A discussão pode servir para que eles tomem decisões; eles sabem que o mais ínfimo cidadão pode expor um ponto de vista importante. Portanto, é para os objetos de interesse que uma administração

---

3 A posteridade terá, sem dúvida, dificuldade para crer que o senhor Diderot, principal editor da *Enciclopédia* – vasto depósito dos conhecimentos humanos – da qual ele dedicou a maior parte da sua vida,* seja talvez o único letrado da França que não tenha recebido nenhuma prova de atenção da parte de seu país. No final de seu trabalho, esse grande homem teria sido privado de qualquer recompensa se a imperatriz da Rússia (Catarina II) não tivesse se encarregado generosamente de saldar a dívida contraída pelo gênero humano. Há alguns anos fizeram na corte da França uma subscrição de 50 mil libras para pagar as dívidas de um bailarino da Ópera, que ameaçava o público de levar para outros lugares os seus sublimes talentos. [* A *Enciclopédia*, cujos editores foram D'Alembert e Diderot, publicada entre 1751 e 1772, é composta por 17 volumes de artigos e 11 volumes de ilustrações. Incluído entre os seus mais de 130 colaboradores, o Barão de Holbach produziu diversos verbetes. (N. T.)]

esclarecida voltará os espíritos dos homens de letras, ela se imporá o dever de encorajar os diversos talentos, ela os acolherá e lhes concederá as recompensas devidas ao mérito e que são dignas dele. Os verdadeiros talentos são nobres e desprendidos. A liberdade, a glória e uma fortuna limitada satisfazem em geral todas as aspirações do homem de gênio.[4]

A liberdade é necessária às letras e às ciências. Querer homens de gênio que se voltem para os objetos úteis nas nações submetidas ao despotismo é querer que a águia se eleve bem alto nos ares apesar das correntes que a encadeiam. Nas terras entregues ao luxo e à tirania, às vezes, é possível encontrar grandes poetas, literatos e pessoas cultas, mas dificilmente se encontrará homens ocupados com o bem público, almas nobres e generosas, historiadores verídicos, cidadãos que se interessem pela felicidade da pátria e sábios adequados para servi-la utilmente.

Foi a liberdade que fez nascer na Grécia e em Roma tantos gênios sublimes que os modernos se esforçam inutilmente para imitar. É impossível que uma nação se esclareça quando não é permitido que os bons espíritos se ocupem da moral, do governo, nem da religião, ou seja, dos objetos mais interessantes para o homem.

---

4 Toda Europa viu com admiração o nobre desprendimento de D'Alembert, que, embora deixado de lado por sua pátria e desfrutando de uma fortuna muito limitada, resistiu constantemente aos apelos do rei da Prússia e recusou-se, do mesmo modo, a atender aos da imperatriz da Rússia, que, por meio de ofertas sedutoras, queria contratá-lo para se encarregar da educação de seu filho, o príncipe. Vê-se que os grandes homens não são ruinosos para um Estado, eles são sempre muito raros e pouco afetados pelos bens da fortuna. *Panem et libertatem* poderia ser a sua divisa.

Barão de Holbach

Portanto, é a liberdade – tão necessária para o aperfeiçoamento da arte de governar os homens, tão útil às nações, tão apropriada para tornar os soberanos mais justos e os cidadãos melhores – que uma administração bem-intencionada deve conceder aos homens de letras. Se a tirania quer reinar sobre cegos, um bom príncipe quer comandar pela razão homens racionais, capazes de entender e de colaborar com os seus desígnios louváveis e beneficentes. O que caracteriza a virtude é agir a descoberto.

Talvez se perguntem até onde deve ir, em um Estado bem governado, a liberdade de produzir seus pensamentos. É muito difícil, e talvez impossível, fixar esses limites com precisão. Não podemos nos iludir de que em uma sociedade numerosa não encontraremos alguns insensatos, mas a loucura não merece castigos tão severos quanto a maldade ou a corrupção dos costumes. Que as leis punam a pessoa e desonrem os nomes e as obras dos vis caluniadores, dos mentirosos públicos, dos corruptores da inocência, desses homens perigosos cujos escritos impuros deixam vestígios duradouros no coração da juventude.[5] Porém, que seja permitido ao escritor se extraviar impunemente, quando, em seu delírio, ele não se esquecer daquilo que deve à virtude, aos bons costumes e aos concidadãos.

Existem espíritos ardentes sujeitos a se extraviar, mas a sociedade pode tirar vantagens até mesmo dos extravios do gênio,

---

5 Quintiliano diz que o talento de bem falar deve ser considerado como um mal quando é possuído por perversos, que ele torna ainda mais perversos: "Facultas dicendi, si in malos incidit, et ipsa judicanda est malum: pejores enim quibus contingit" (Quintiliano, *Institutio oratoria*, livro XII). [Ed. bras.: *Instituição oratória*. Campinas: Editora Unicamp, 2015-2016.]

Etocracia ou o governo fundamentado na moral

pois os erros dos homens servem para instruir. As verdades reais podem ser combatidas sem perigo, elas resistem sempre à torrente que, cedo ou tarde, carrega as mentiras da impostura e todos os vãos preconceitos, tão contrários à felicidade das nações. Diz Tácito que *é bem mais fácil sufocar os espíritos e os estudos do que reanimá-los quando eles caem na prostração.*[6]

Se os escritos perniciosos aos bons costumes e se os libelos difamatórios merecem a repreensão das leis, elas não devem de maneira alguma mostrar o mesmo rigor com as obras que apresentam paradoxos, sistemas abstratos e opiniões duvidosas e temerárias sobre matérias acima do alcance dos cidadãos comuns. Que os escritos dessa natureza sejam submetidos ao julgamento ou à crítica dos sábios, que, pela sua posição, estão em condições de avaliá-las. Que o teólogo, encarregado de combater os erros sobre a religião, advirta o público para que se afaste dele e busque reencaminhar com brandura o escritor que ele acredita estar cego, e cujas opiniões ele supõe serem insensatas. Que o médico julgue e combata as máximas contrárias aos princípios da arte, que ele ataque com força as afirmações que acredita serem perigosas para a saúde dos cidadãos. Enfim, à sua maneira, que cada um – físico, geômetra, homem de letras e artista – combata com liberdade todas as ideias que acredita serem falsas. Não é senão da discussão que pode sair a verdade sempre útil ao público, e que deve servir de base para todos os conhecimentos humanos. Punir aquele que se engana é uma injustiça, cujo efeito seria impedir a verdade de ser conhecida,

---

6 "Ingenia studiaque oppresseris facilius, quam revocaveris: subit quippe etiam ipsius inertiae dulcedo, et invisa primo desidia post remo amatur." Tácito, *Agricola*, cap.3.

o útil de se mostrar, as ciências e as artes de se aperfeiçoarem. Só a impostura teme ser discutida, só a tirania teme as luzes, só um governo sem princípios e sem boas intenções pune o erro e faz esforços inúteis para entravar a liberdade da imprensa.

Entravar e perseguir a liberdade de pensar, escrever e imprimir são atitudes tão tirânicas quanto insensatas, inúteis e contrárias ao bem da sociedade. Será que o despotismo, sempre irracional e desprovido de luzes, jamais saberá que o coração do homem se inflama pela contradição; que, indignado com os injustos grilhões que querem lhe impor, ele se irrita; que o próprio perigo serve apenas para incitar o seu ardor pelas empreitadas perigosas, que fornecem ao amor-próprio oportunidades para se congratular por sua coragem? É por isso, sem dúvida, que vemos algumas vezes saírem do seio das nações oprimidas algumas obras mais enérgicas e vigorosas do que as das nações livres. A tirania não pode abater o ímpeto de todas as almas, existem algumas que ela só oprime para fazê-las reagir com mais vigor. Nada pode se igualar à força de uma alma honesta quando, profundamente indignada com o crime e com a opressão, ela crê protestar em nome da pátria e advogar a causa da virtude.

Se o despotismo não pode aniquilar a liberdade de pensar e de escrever, ele não tem um êxito muito maior em impedir a publicação das obras que contrariam os seus desígnios.[7] Os escritos que desagradam uma administração injusta são procurados com fervor por alguns cidadãos descontentes, satisfeitos

---

7 Para conhecer melhor a fascinante história dos livros clandestinos, na qual o Barão de Holbach desempenha papel de destaque, consulte as obras de Robert Darnton, como *Os best-sellers proibidos da França pré-revolucionária* (São Paulo: Companhia das Letras, 1998) e *Pirataria e publicação* (São Paulo: Editora Unesp, 2021). (N. T.)

por verem ser humilhado o poder que os molesta. É por isso que livros audaciosos, sátiras contra homens injustos e poderosos e críticas de um governo iníquo e de seus procedimentos insensatos ou criminosos são publicados, apesar da máxima vigilância, e comprados por alto preço. Um Malesherbes, um Saint-Germain e um Turgot não temeram nem o exame, nem a crítica; a sátira contra ministros virtuosos só pode divertir alguns descerebrados e regozijar os inimigos de todo o bem. *Os homens dificilmente se queixam dos príncipes dos quais é permitido se queixar*, diz Plínio.[8]

A liberdade de pensar, falar, escrever e publicar não pode inquietar senão os velhacos, os tiranos e os ministros ignorantes ou perversos que só têm desígnios contrários ao bem público, ou que não querem se deixar desenganar de seus erros. A presunção e a teimosia são o apanágio da ignorância; a perversidade não quer ser percebida ou corrigida. Um governo beneficente quer tomar conhecimento das aspirações públicas, quer tirar proveito das luzes de todo bom cidadão, e ignora os clamores da maldade, as críticas da estupidez, os sarcasmos da malignidade e as zombarias da tolice e da frivolidade.

Toda administração honesta deve, portanto, pelo bem do Estado, incentivar a atividade dos espíritos, desviá-los dos objetos fúteis, encaminhá-los para a utilidade. Se alguns déspotas cheios de vaidade transformaram os homens de letras em aduladores, os ocuparam senão com bagatelas e jamais permitiram que eles se elevassem às coisas nobres e grandiosas. Alguns soberanos mais bem-intencionados desprezarão os talentos frívolos, encorajarão os conhecimentos e as pesquisas necessárias

---

8 "De nullo minus principe queruntur homines, quam de que maxime licet" (Plínio, *Panegírico de Trajano*).

à felicidade dos povos. Que infinitas vantagens o governo não poderia colher dos diversos esforços de todos os espíritos tão variados de uma nação viva, inteligente e cheia de atividade? Se a enxurrada de negócios impede que as pessoas que ocupam cargos importantes deem a atenção adequada a imensos detalhes, que elas permitam que os pensadores se ocupem disso. Elas logo terão, sem dúvida, montanhas de projetos e de sistemas quase sempre pouco racionais, mas entre os quais poderão ser encontrados alguns sábios, úteis e praticáveis. Aquilo que os nossos olhos procuram bem longe está muitas vezes aos nossos pés. Aqueles que fazem todo mundo se calar raramente são esclarecidos, e não estão em condições de usufruir das luzes de ninguém. As faíscas reunidas dos espíritos tão variados de um grande povo podem acender uma chama capaz de iluminar o mundo.

Tudo parece difícil, ou mesmo impossível, nos países onde não é permitido falar, examinar e escrever. Déspotas imbecis, conduzidos por vizires ignorantes ou perversos, seguem uma rotina estúpida e não ousam mudar nada; toda inovação parece perigosa para os espíritos fracos para se libertarem dos entraves do hábito. As mudanças mais necessárias, e cuja utilidade deveria ser evidente, assustam os espíritos incertos e irresolutos. Enfim, a enxurrada de negócios arrasta de tal forma os soberanos e os ministros mais bem-intencionados, que muitas vezes eles não têm tempo de se ocupar assiduamente dos objetos mais importantes e das melhorias mais úteis.

Auxiliado pelas luzes de todo um povo, não existe nada que um governo benévolo não possa facilmente esclarecer e praticar. A legislação poderia facilmente ser corrigida, simplificada, se tornar mais clara e melhor. A educação, quase impossível de retificar em um povo escravo e vicioso, se torna, nas mãos de uma

Etocracia ou o governo fundamentado na moral

administração sábia, um criadouro de cidadãos esclarecidos, virtuosos e capazes. Animadas pelas recompensas do soberano, a física, a história natural, a química, a medicina e a botânica desvelam aos nossos olhos tudo aquilo que interessa em relação aos segredos da natureza; a mecânica torna os trabalhos mais fáceis; a arte necessária e funesta da guerra é aperfeiçoada; as artes ornamentais, sempre aplicadas à futilidade pública, tornam-se mais interessantes, impressivas e estimáveis.

A legislação vigilante deve impedir que essas artes causem dano aos costumes dos cidadãos, ela deve melhor orientar o gosto de tantos artistas, quase sempre ocupados em seduzir os nossos olhares — seja por meio das pinturas indecentes da mitologia antiga, seja por meio das representações demasiado ingênuas da corrupção moderna. Ao permitir que os artistas exponham publicamente essas produções indignas, a polícia se torna evidentemente responsável pelas desordens e devastações que elas produzem no espírito e no coração de uma juventude cujas paixões estão sempre demasiado prontas para se inflamar.

Concluamos, de todas essas coisas, que é do interesse de um bom governo fazer prosperar as ciências, letras e artes. O Estado mais feliz e estimado será sempre o que contiver o maior número de cidadãos esclarecidos. Uma mirada superficial é suficiente para nos provar que, por falta de luzes, algumas terras, pelas quais a natureza parecia ter feito tudo, não desfrutam de nenhuma vantagem, não são estimadas, definham na inércia e na miséria, são desprezadas por seus vizinhos, vassalas dos seus aliados, expostas aos insultos do mundo inteiro.[9] Tal é, evidentemente, na Europa, a sorte dos Estados de onde o despotismo

---

9 É possível que o Barão de Holbach esteja falando do Brasil. (N. T.)

e a intolerância baniram a ciência e a indústria, e com elas a virtude – porque não pode ser chamada de virtude uma devoção supersticiosa que, em alguns povos ignorantes, se vê permanentemente aliada com a devassidão, a corrupção e o crime.

Se a ciência só é estimável na proporção em que contribui para a felicidade pública, ela é inútil se não servir para tornar os costumes honestos e sociáveis; é desprezível e passível de punição se tende apenas a tornar os homens insociáveis e perversos. Assim, como todo governo tem o máximo interesse em se servir da ciência e dos sábios para esclarecer os seus súditos, ele deve incentivar os homens de letras à virtude, a fim de que os estudos, deixando-se ver na sua conduta, possam tornar as lições mais persuasivas e fortes. Os homens de letras devem, mais do que todos os outros, ser ciosos da consideração pública, e temer se rebaixar diante dos olhos dos concidadãos. É muito maior o número de pessoas que estão em condições de julgar a conduta do que os talentos; o soberano deve, portanto, impedir que esses talentos se degradem por meio de ações, condutas e querelas, às quais a imprensa confere grande publicidade. Essas rixas, geradas comumente pela mediocridade e pela vaidade, só servem para fazer a ignorância rir à custa dos talentos que ela deveria respeitar.

Um governo cuidadoso deve, portanto, reprimir os abusos perniciosos à reputação dos homens de letras. Talvez o legislador possa iludir as paixões de alguns espíritos transviados, estabelecendo um tribunal no qual o homem de letras seria julgado pelos seus pares, escolhidos entre as pessoas mais respeitadas do seu país. Essas últimas estariam autorizadas a julgar em primeira instância os delitos, as atitudes e o comportamento dos seus confrades, a impor-lhes reprovações pelas ações desonestas e a denunciá-los aos tribunais civis por calúnias, mentiras e delitos sobre os quais as leis podem se pronunciar. É de se acreditar que uma jurisdição estabelecida com essas intenções pode remediar os abusos muito comuns na república das letras, e nela cessar as invejas, conspirações, inimizades e baixezas que devem ser desconhecidas daqueles que, por sua condição, estão destinados a instruir as pessoas, e cujo salário deve ser a estima do público. Seu interesse será sempre que as qualidades do coração sejam preferidas aos mais sublimes talentos do espírito, que se tornam arma perigosa nas mãos dos malvados. Diz um antigo que *é preciso perdoar os desvios e as faltas do gênio, mas não é possível perdoar os seus atentados.*[10]

Se esse projeto parecer insensato, diríamos que a sabedoria do governo pode empregar meios mais eficazes para reprimir os excessos de alguns homens de letras, e para atrair a outros a consideração que merecem os cidadãos honestos que consagram as noites de vigília, a saúde e, às vezes, até mesmo a vida à utilidade ou aos prazeres louváveis dos concidadãos.

Para encorajar os talentos, é preciso que eles sejam justamente recompensados. Quando a autoridade ou a reputação querem definir as recompensas destinadas aos homens de letras, essas recompensas se tornam quase sempre o butim dos aduladores, charlatães, homens mais desprovidos de mérito e de luzes. O verdadeiro sábio, ocupado com o seu objeto, não tem tempo para intrigar, conspirar, cortejar os poderosos; é por isso que quase sempre o caminho da fortuna se encontra fechado para ele.

---

10 "Multa donanda ingeniis puto; sed donanda vitia, non portenta sunt" (Sêneca, *Controvérsias*, livro V).

Em uma administração que zele pelo progresso das ciências, todos os cargos e recompensas destinados aos sábios e homens de letras só devem ser concedidos por *concurso*, e outorgados pelos sufrágios dos verdadeiros juízes do mérito e da capacidade dos que pretendem ser honrados ou recompensados. Esse método preveniria as injustiças, as conspirações e as vilanias, que muitas vezes fazem que a ignorância astuciosa ou favorecida seja preferida aos talentos mais estimáveis. Todo homem de letras que passa seu tempo pedindo favores, cativando a benevolência das mulheres ou dos poderosos, é em geral um homem medíocre, que não tem nem a nobreza, nem o entusiasmo adequados ao seu ofício.

X
Da legislação moral relativa à educação

Nada é mais inútil do que oferecer um plano geral de educação honesta ou moral para povos submetidos a tiranos ou governados pelos caprichos do poder arbitrário. Em tal governo, alguns cidadãos isolados podem, dentro do seu lar, dar aos seus filhos alguns princípios de justiça, humanidade, beneficência e virtude, mas esses princípios morais, permanentemente opostos às máximas da tirania e de uma sociedade corrompida, pouco tardam a desaparecer a partir do momento em que as crianças saem debaixo das asas paternas para alçar voo pelos empesteados ares mundanos.

Se esses perigos subsistem até para os que receberam o cuidado de pais virtuosos de serem educados com atenção, que talentos e que virtudes se pode esperar daqueles cuja educação foi totalmente negligenciada por pais viciosos e dissipados, ou totalmente pervertida por exemplos domésticos opostos à moral? Alguém disse, com razão, que *antes de educar os filhos seria adequado educar os pais.* Podemos acrescentar que, para que os pais fossem adequadamente educados, seria preciso que os que regulam os destinos dos homens tivessem recebido a educação necessária para governar com sabe-doria. Os povos são bem mais configurados pelo governo do que pelo clima. Embora os indivíduos difiram extremamente uns dos outros por sua organização, suas paixões, seus temperamentos, suas faculdades e suas disposições naturais, não é menos seguro que uma nação receba sempre dos seus líderes alguns impulsos gerais, contínuos, reiterados, que definem seus hábitos, ideias e costumes nacionais. Em poucas palavras, não se pode educar dois indivíduos precisamente da mesma maneira, assim, é pos-sível, em massa, conferir caráter uniforme a todo um povo: ele será vil quando submetido ao despotismo; será nobre e mag-nânimo quando usufruir da verdadeira liberdade; será vicioso, leviano e frívolo se submetido a senhores corrompidos, dissipa-dos e indiferentes ao bem público; será justo, humano, virtuoso e ajuizado se governado por príncipes que conhecem os verda-deiros interesses e a importância de seus deveres.

Todas as vezes que o destino conceder à terra soberanos vir-tuosos, será fácil para eles proporcionar aos filhos de seus súdi-tos uma educação adequada ao objetivo de toda a sociedade. A moral é a base dessa educação. Por meio de instruções pro-porcionais a cada idade e a cada condição, ela não deixa de lhes repetir o que é o homem, qual é a sua verdadeira natureza, o que exigem seus verdadeiros interesses, em que consiste a verdadeira felicidade, o que deve fazer um ser racional e sociável para obter benefícios reais – não obtidos sem auxílio de seus semelhantes –, e que seus semelhantes só lhe serão úteis e só irão socorrê-lo quando ele for justo, ou estiver disposto a conquistar, por meio de sua conduta, sua afeição e seus sentimentos favoráveis.

Assim, desde a mais tenra infância, o homem deve aprender a se conhecer. Assim ele saberá o que deve fazer ou evitar para

Etocracia ou o governo fundamentado na moral

se conservar e se manter em uma existência feliz. Ele descobrirá pouco a pouco os laços que o unem aos homens, aquilo que ele lhes deve, a necessidade que tem deles e a fraqueza impotente na qual, sem os seus contínuos auxílios, ele se veria atirado. A partir disso, a criança ou o jovem se encontra prevenido contra o orgulho, que causa tantas perturbações na vida social fazendo menosprezar o valor alheio e a sua própria pequenez; contra a cólera, que nos coloca em guerra com os outros, e esses outros conosco; contra a avareza, que torna o homem inútil e desprezível; contra a intemperança e os excessos, que o aviltam e arruínam a saúde etc. Ele aprenderá ao mesmo tempo a amar as virtudes, que ele verá como meios seguros de conquistar o amor dos homens com os quais ele deve viver e que contribuirão o tempo todo para os prazeres, assim como para a felicidade duradoura.

O estudo da história confirmará pelos exemplos os princípios morais que terão sido ensinados à juventude. Essa história, bem apresentada, não será nada além de uma longa sequência de experiências e de fatos que provarão que somente a virtude contribuiu em todas as épocas para a potência, a prosperidade e a glória das nações, e que os vícios foram as causas mais ou menos aceleradas das suas quedas pavorosas. O aluno poderá sentir que, em todos os séculos, a virtude do cidadão o situa acima dos outros, o faz ser prezado e respeitado; ele verá o cidadão virtuoso como nobre e grande, mesmo na indigência, mesmo na desgraça e nos grilhões. Por meio das lágrimas que ele derramará pela sorte dos Aristides, dos Sócrates e dos Fócio, ele aprenderá que a virtude nunca morre, que, muitas vezes, perseguida pela inveja e pela maldade dos contemporâneos, ela não cessa de exercer o legítimo domínio sobre a posteridade. Nosso aluno desejará, portanto, ser virtuoso e se tornar, se puder, um grande homem, como aqueles cujos exemplos o terão incitado intensamente.

Uma sábia instituição não fará, de maneira alguma, que a juventude admire os altos feitos e a glória desses heróis famosos, destruidores dos impérios, conquistadores cheios de soberba dos quais a história nos transmitiu os exitosos atentados. Esses homens, divinizados pela tolice, serão sempre mostrados como ladrões infames, ilustres celerados, banhados impudentemente no sangue e nas lágrimas dos povos, e cujos nomes detestáveis devem encher de horror a posteridade mais remota. A história moderna nada mais fará que aproximar o quadro e fornecer algumas provas recentes das verdades morais que a Antiguidade terá feito perceber nos séculos antecedentes. Nela se verá que, em todos os tempos, alguns príncipes cegos, espezinhando as regras da moral, fizeram de seus Estados e da Terra inteira a morada do luto, da aflição e da miséria.

A moral e a história, apresentadas à juventude com energia e de maneira impressiva, a habituarão a sentir, pensar, exprimir-se, ligar suas ideias à justeza e julgar judiciosamente as coisas; elas lhe ensinarão a conhecer o que é bom, digno de ser amado e de estima, e a distingui-lo daquilo que é de fato vergonhoso e desonesto. Ou seja, a moral, sob esse aspecto, incluirá algumas lições de gramática e arte de falar, de pensar e de raciocinar. Animada por exemplos e citações apropriados para mexer com a imaginação e serem gravados na memória, essa moral experimental atrairia bem mais que os preceitos áridos de uma *gramática* e de uma *sintaxe* ininteligíveis até mesmo para pessoas mais maduras, mas que a rotina emprega em toda parte para o tormento da infância. Ao jovem, essa moral pareceria mais persuasiva e

Etocracia ou o governo fundamentado na moral

comovente do que as lições pomposas e tão pouco naturais da *retórica*. Enfim, essa moral ensinaria melhor a raciocinar do que uma *lógica* guarnecida de argumentos apropriados tanto para sustentar a mentira quanto para defender a verdade. É sobretudo na condução da vida que é importante a juventude aprender a raciocinar: essa lógica serve ao homem a cada instante da sua duração. Aquele que sabe ligar os efeitos às suas causas, que consegue encadear as suas ideias, deve seguramente se tornar um homem de bem, um excelente cidadão, bom esposo, bom pai, bom amigo, homem querido pela sociedade. Os perversos nunca passam de maus raciocinadores, que se esforçam bastante para serem detestados.

Depois de ter ensinado o aluno a se conhecer, depois de ter lhe mostrado as relações que o unem aos outros homens, a educação fará ele estudar sucessivamente os seres espalhados ao seu redor e seus possíveis usos. A curiosidade, tão própria da juventude, basta para lhe conferir o desejo de distinguir uma multiplicidade de novos objetos. A história natural o instrui e o deleita pela variedade dos espetáculos que ela apresenta diante dos seus olhos. O aluno vê relações, semelhanças, pontos de conformidade entre ele e os animais; ele descobre neles, como em si mesmo, a faculdade de sentir. A educação proíbe, portanto, que ele faça os animais sofrerem, com medo de que o hábito de exercer a tirania sobre eles o torne um dia desumano, insensível para com os homens. Impulsionado pela mesma curiosidade, o discípulo aprende, mesmo brincando, os nomes e os usos das plantas, dos minerais, dos metais, das pedras etc. Levando ainda mais longe seus conhecimentos, a geografia faz que o aluno veja a extensão da morada em que ele habita e os diferentes homens que a ocupam; ele reconhece que deve amá-los porque são seus irmãos, seus semelhantes, e que as relações distantes que o unem a eles, apesar disso, não são menos indubitáveis, e constituem a humanidade. Ele aprende, além do mais, que os povos mais longínquos, por intermédio da navegação e do comércio, contribuem para seus prazeres, comodidade e várias das suas necessidades. Ele deseja logo saber como o homem consegue atravessar os mares e descobre que, para obter esse esclarecimento, é necessário conhecer mecânica, astronomia, física etc.

Procedendo dessa maneira, o jovem, arrastado por sua curiosidade, pode adquirir todos os conhecimentos em que for instruído. É assim que a educação, sem coação e sem lágrimas, pode fazer que seus alunos percorram sucessivamente o círculo dos conhecimentos humanos. Porém, ela faz cada um deles se deter particularmente nos objetos com os quais ele se ocupará na posição à qual se destina; ela faz com que ele perceba que, para merecer a estima e a afeição de seus semelhantes, para alcançar as honrarias ou a fortuna, é preciso se distinguir por seus talentos e se tornar útil, qualquer que seja o posto que um dia ocupar na sociedade.

Aquele que, pelo nascimento, é chamado ao governo da sociedade saberá, portanto, que assumirá a obrigação de fazer a felicidade de todo um povo, que só obedecerá porque espera que a sua expectativa não seja traída. A ciência dos reis é serem justos, por conseguinte, eles devem obrigar ou incentivar todos os cidadãos a se tornarem úteis uns aos outros, e impedi-los de se prejudicarem mutuamente. Eis o que a educação deve ensinar a todos os soberanos: úteis a todos, eles devem forçar seus súditos a se ocuparem incessantemente da sua utilidade recíproca. A educação de um príncipe não deve ensinar-lhe todos os conhecimentos necessários a seus súditos nas diversas posições às quais eles estão destinados, ela deve fazê-lo conhecer apenas aquilo

Etocracia ou o governo fundamentado na moral

que, sendo de fato útil ou nocivo ao seu país, precisa ser encorajado ou reprimido, recompensado ou punido. É nisso que consiste a verdadeira política, a verdadeira arte de reinar.

Isto posto, o soberano deve zelar para que a educação lhe prepare, em cada setor da administração, cidadãos capazes de servir o Estado com zelo, como ministros, juízes, guerreiros, sacerdotes, negociadores etc. Os postos eminentes são recompensas que, por seu próprio interesse e sua glória, o príncipe não deve conceder senão aos talentos, ao mérito e à virtude, ou seja, à capacidade, à vontade de ser útil à pátria na porção de autoridade que se tiver direito de exercer sobre os concidadãos. A fonte mais comum das desgraças das nações é que o favorecimento, a intriga e o nascimento – que raramente pressupõem o mérito – fazem que sejam chamados para os cargos mais eminentes alguns homens sem princípios, sem luzes e sem bons costumes, cujos vícios e a incapacidade lançam o príncipe e seus súditos aos maiores embaraços. As dignidades e os cargos parecem quase sempre ser distribuídos em uma *loteria*. A educação deveria desde cedo formar para os soberanos alguns cooperadores acostumados ao trabalho, aplicados, com a ambição de se destacarem, que, sob as ordens dos ministros do príncipe, aprendessem os detalhes da administração. Com isso, os homens só chegariam ao ministério munidos dos conhecimentos necessários para exercê-lo de maneira vantajosa para a pátria e honrosa tanto para o príncipe quanto para eles próprios. Os ministros incapazes causam dano a seu país e fazem que o soberano que lhes concede confiança seja desprezado.

Os bons príncipes são raros porque não existem homens cuja educação seja mais constantemente deixada de lado; ela não ensina quaisquer deveres a seres que, em geral, são persuadidos por tudo de que a sua nação é feita para eles, que eles não devem nada a ninguém, que reinar é estar no direito de dar um livre curso a todas as suas paixões. Aqueles que presidem a educação dos reis parecem ter adotado as máximas atrozes de Trasímaco, a quem Platão faz dizer que "o soberano bem da sociedade é o interesse daquele que comanda; a injustiça é sempre útil àquele que reina, é ela que constitui a verdadeira política; que a equidade não passa do efeito da tolice e da ingenuidade, que deve ser apanágio apenas do fraco".[1]

É assim que a educação dos príncipes começa quase sempre por lhes envenenar a fonte da educação pública. É por isso que, desde a mais tenra idade, são formados tiranos teimosos, unicamente ocupados com suas fantasias, que não querem junto de si senão homens prontos a satisfazê-los, que tudo o que pedem a seus ministros é que estendam a autoridade da qual eles têm necessidade para oprimir seus súditos, que querem que a educação não faça mais do que acostumar os cidadãos a uma submissão cega às suas ordens mais insensatas. Uma boa educação seria incompatível com os desígnios da tirania, que quer desfrutar do poder de enterrar a si mesma sob as ruínas de toda a sociedade.

São apenas os bons reis que podem formar ou escolher bons ministros. Em toda parte onde somente o nascimento ou o favorecimento conduzem aos cargos mais importantes, em toda parte onde a ignorância e a fraqueza permitem as intrigas, em toda parte onde a opulência seja suficiente para adquirir o direito de exercer a autoridade, aqueles que puderem aspirar a ela não terão necessidade de educação, conhecimentos ou virtudes. É por isso que os cargos mais importantes de um Estado

---

1 Platão, *República*.

Etocracia ou o governo fundamentado na moral

são ocupados muitas vezes por homens que, por mérito pessoal, deveriam ser excluídos e relegados às classes mais baixas dos cidadãos. O que estou dizendo? Aquele que, nas classes inferiores ou mais desprezadas pelos poderosos arrogantes, exerce com honra uma profissão útil, deve ocupar na estima dos concidadãos um lugar mais eminente que tantos cortesãos vis, nobres ignorantes e poderosos sem virtudes e sem talentos que devoram a pátria e a conduzem à ruína.

Sob um governo injusto não pode haver emulação. No entanto, ela deve ser a alma de toda a educação. Um soberano que concede todos os cargos, recompensas e honrarias ao nascimento, ao favorecimento, às riquezas e à intriga se priva dos talentos da grande maioria de seus súditos. Uma política sábia deveria incentivar desde a juventude uma emulação útil nos corações de todos os cidadãos. As recompensas seriam, então, concedidas ao verdadeiro mérito, os cargos seriam concedidos por concurso. Cada pessoa, por meio de seus estudos, se esforçaria para obtê-los. Desde a infância o cidadão se acostumaria a ver o objetivo que ele pode alcançar por meio do seu trabalho no qual sua sorte o lançou. Com isso, o Estado estaria repleto de homens capazes de servi-lo com sucesso em todas as profissões, desde nos cargos eminentes até nos mais medíocres e pequenos. Então, o jovem destinado ao ofício da guerra diria para si que, com coragem e alguns talentos, ele tem o direito de aspirar a todas as patentes, às honrarias e às recompensas militares. Aquele que se destina à magistratura veria ao longe as dignidades às quais um mérito notável pode elevá-lo. Aquele que se destina à Igreja trataria de adquirir os conhecimentos e as qualidades que podem fazê-lo obter os benefícios dos quais a sua posição é suscetível. Aquele que segue a carreira das letras e das

Barão de Holbach

ciências de toda espécie se esforçaria para alcançar o objetivo que o governo lhe mostrasse. O artesão, o operário e o agricultor tratariam de se distinguir por uma habilidade que poderia lhes proporcionar os prêmios módicos que seriam oferecidos aos seus esforços. Enfim, em todas as posições e em todas as classes da sociedade, uma emulação nobre incitaria à virtude, sempre tão vergonhosamente esquecida na distribuição das honrarias e recompensas.

É pelo mesmo caminho que o governo pode formar professores dignos de receber o precioso depósito de uma juventude na qual se fundamentam as esperanças de uma nação. Honrando e destacando os homens destinados a formar cidadãos esclarecidos e virtuosos, inspirarão sentimentos mais generosos e elevados que aqueles que se encontram em geral nos mercenários aviltados, a quem são confiados os primeiros anos daqueles que chegarão um dia aos cargos mais importantes de um Estado. Ao vermos a indiferença da maioria dos soberanos com relação à educação pública, teríamos motivo para crer que eles se preocupam muito pouco com o fato de que seu país contenha bons ou maus súditos.[2]

Em todas as nações são erguidos incessantemente, com enormes custos, palácios suntuosos, monumentos inúteis e custosos. Não se pensa de maneira alguma em estabelecer as bases do edifício social. Governos demasiadamente militarizados só pensam em formar soldados, abandonam o resto dos cidadãos a

---

2 Acusação tão grave não deve recair sobre a sábia imperatriz da Rússia, Catarina II. O público acaba de ver os planos para a formação da juventude em seus Estados, planos que deveriam causar vergonha aos soberanos de muitas nações civilizadas. Hoje em dia, é a Cítia que dá exemplos memoráveis a todos os príncipes da Europa.

Etocracia ou o governo fundamentado na moral

uma educação puramente teológica e rotineira, que não convém a cidadãos feitos para servir a pátria em outras classes da sociedade. As línguas antigas, e mortas para os modernos, podem ser úteis e necessárias aos teólogos, que são obrigados, para se instruírem, a desbotar em cima das grandes obras da Antiguidade. Essas línguas também podem ser úteis para alguns médicos e contribuir para o entretenimento e as pesquisas dos sábios de profissão. Por outro lado, elas poderiam ser inúteis para os jurisconsultos e os magistrados, que deveriam ter em cada país uma jurisprudência clara, escrita em uma língua inteligível para todos os cidadãos.[3] Enfim, o penoso estudo dessas línguas mortas, necessário a todos que têm tempo de cultivar as letras, não deveria absorver os mais belos anos de uma juventude destinada a funções em que elas não são necessárias. Na Europa, ensinam-se as línguas latina e grega a todo jovem que quer estudar; depois de ter empregado muitos anos preciosos nesse trabalho inútil, poucas pessoas dominam essas línguas com perfeição, ou logo as esquecem se a sua condição não lhes permite praticá-las assiduamente.

Não seria mais inteligente ocupar os tenros anos da infância com estudos menos áridos que o das línguas, que seriam mais bem aprendidas em uma idade mais madura? Será que existe uma língua estrangeira que um homem adulto não possa aprender em um ano, quando ele tem energia e algumas disposições? Será que é preciso torturar a infância com palavras, quando ela

---

3 Observamos no Capítulo VI que, na França, a magistratura é a única função que, apesar de sua importância, é totalmente privada de uma educação preparatória. No entanto, o jovem destinado a ela é obrigado a saber latim para poder estudar as leis romanas, que absolutamente não vigoram na França. Ó rotina imbecil!

ainda não tem ideias das coisas? Não seria melhor que um cidadão conhecesse a língua do seu país do que as línguas perdidas da Grécia e de Roma?

Um governo sábio pesa as vantagens e as desvantagens da educação tal como a rotina, sempre cega em sua marcha, tem perpetuado até o presente. Se nos atemos aos partidários, nada falta à educação pública, ao passo que, dos colégios nos quais se educa a juventude, raramente vemos sair homens capazes, e bem menos ainda cidadãos que saibam viver nesse mundo. Ao finalizar os estudos, o jovem mais bem instruído ignora o que é nação, sociedade pública, soberano, súdito, cidadão, pai de família, patrão. Ele não tem ideias sobre nenhum cargo, sobre nenhuma profissão. Se ele aproveitou bem as lições que recebeu, conhecerá muito melhor a história e os costumes de Atenas, de Esparta e de Roma do que os da cidade que o viu nascer. Ou seja, ele é ignorante sobre os objetos mais importantes para ele.

Além do mais, o jovem discípulo que se apresenta na sociedade não tem nenhuma ideia dos seus deveres sociais. A moral inculcada por seus mestres é comumente ascética, contemplativa, mais adequada à solidão do que para a vida ativa que se deve levar neste mundo. Os ministros da religião, que em todos os países estão encarregados da educação da juventude, parecem, com efeito, terem esquecido que tinham de fazer de todos os seus alunos não solitários, cenobitas ou sacerdotes, mas que a maioria deles estava destinada a se tornar um dia guerreiro, estadista, magistrado, homem público e cidadão, que, independentemente de seus deveres religiosos, também tinha de cumprir todos os deveres exigidos pela vida social. Por conseguinte, aos motivos sobrenaturais que a religião apresenta aos homens para levá-los à virtude, esses professores não deveriam ter deixado

Etocracia ou o governo fundamentado na moral

de juntar todos os motivos naturais, humanos e palpáveis que, como a experiência nos mostra, atuam mais fortemente sobre os espíritos do que alguns motivos espirituais, do que algumas recompensas ou temores remotos. Aqueles que educam a juventude não parecem ter reconhecido suficientemente a conformidade – ou, antes, a identidade – entre as leis morais de uma divindade benfazeja e justa e as leis naturais, humanas e sociais. Esses motivos, unidos e conciliados, teriam, sem dúvida, agido mais poderosamente sobre os mortais, e os teriam tornado melhores.

Eis aí, portanto, aquilo que todo legislador deve dar a entender aos ministros da religião, quando os encarrega da educação pública. Por esse meio, a religião, a moral e a política, reunindo suas forças diversas para gravar nos jovens corações alguns princípios honestos, formam bons cidadãos. A religião, como já foi suficientemente provado, fundamenta seus direitos somente na sua conformidade com a moral sadia; e a política só pode ser vantajosa conferindo às lições da moral a sanção da autoridade. A partir do momento em que seus interesses se separam, os homens não sabem mais o que fazer. Com a religião, eles não têm a moral necessária para a sociedade; com a moral social, não têm nenhuma religião; ou, enfim, aqueles que governam, assim como os seus súditos, terminam por ter tão pouco respeito pela religião quanto pelos preceitos mais sagrados da moral natural. Como consequência desse deplorável desacordo, vemos muitas vezes o cristão religioso, satisfeito por praticar ou possuir as virtudes *evangélicas* e divinas que a sua religião lhe recomenda, mostrar profundo desprezo pelas virtudes humanas e sociais, ou, então, vemos alguns incrédulos desprezarem as virtudes religiosas porque acreditam que elas são inúteis ou mesmo opostas ao bem da sociedade; enfim, vemos quase sempre o déspota e o tirano espezinharem igualmente as virtudes divinas e as virtudes humanas. Essa divisão infeliz leva a perturbação para os povos e a confusão mais incômoda para as ideias. Tudo se reúne para provar que a moral é a mesma para todos os homens, que as mesmas virtudes sociais que constituem o bom cidadão devem formar o bom sacerdote e o bom soberano.

A educação pública, tendo uma influência necessária sobre o bem-estar e o repouso dos Estados, merece, portanto, a atenção e a vigilância de todo bom governo. O soberano deve fazer desse importante tema uma secretaria, um ministério que se ocupe unicamente dele; sua função seria zelar pela conduta dos professores, obrigá-los a insuflar na juventude apenas os princípios conformes aos interesses da sociedade. Para que esses princípios sejam uniformes, e não sujeitos aos caprichos dos professores, um dos primeiros cuidados do governo deve tratar da confecção de um *catecismo moral* ou de um *código social* simples e claro, adaptado à idade, à capacidade e à inteligência dos alunos. Existem pouquíssimas crianças às quais, com a ajuda de bons elementos, não se pode ensinar os preceitos da moral de maneira a interessá-las, e mesmo a diverti-las — por exemplo, anedotas históricas e alguns fatos presentes e cotidianos poderiam esclarecer os preceitos e fixá-los na memória.

É muitas vezes por culpa dos professores que as lições desagradam os alunos e se tornam inúteis. Normalmente, os que são encarregados de educar a juventude se acham privados de uma educação adequada. Cheios de um tolo orgulho, eles o mostram frequentemente pelos abusos do poder que exercem sobre crianças de pouca idade, que vemos, banhadas em lágrimas, receberem, tremendo, lições que a perturbação de seu

Etocracia ou o governo fundamentado na moral

espírito não pode deixar de tornar infrutíferas. É a desumanidade, o rigor, o mau humor, os caprichos e os castigos arbitrários e muitas vezes injustos de tantos mestres que, ao menos tanto quanto a sua incapacidade, contribuem para tornar seus ensinamentos ineficazes e até mesmo para perverter os sentimentos de seus alunos. O despotismo, sob qualquer forma que se apresente, avilta a alma ou a revolta; o despotismo dos professores só serve para dar aos seus discípulos os sentimentos abjetos da servidão, da falsidade, da patifaria, da mentira e todos os vícios que o temor inspira aos escravos.[4] Além do mais, essa tirania destrói as ideias da justiça; eles imaginam que o poder consiste na capacidade de causar dano e de fazer obedecer às suas próprias fantasias, de onde se vê que uma educação servil só pode formar almas vis ou homens muito insolentes quando tiverem, um dia, alguma autoridade.

Interessa às nações que sejam formados cidadãos justos e sensíveis à honra. Assim, o governo deve banir da educação pública todo pedantismo repelente, todo poder arbitrário, todos os castigos aviltantes. Os professores devem se mostrar sem paixões e sem mau humor; eles devem alegrar seus alunos, repreender com bondade, mostrar a razão, corrigir com serenidade, de maneira que os discípulos reconheçam que a equidade os pune para o seu próprio bem. Castigos infligidos à juventude sem motivos conhecidos são inúteis, nada mais fazem que

---

4 Teodorico, rei dos godos, não permitiu que os filhos dos guerreiros frequentassem escolas, porque, segundo ele, *era impossível que se deixasse de temer uma espada ou uma lança depois de ter temido a palmatória*. Teria sido mais simples suprimir a *palmatória* e tirar os godos da sua barbárie enviando-os para escolas menos servis.

desarranjar as ideias, confundindo em seu espírito as noções tão claras do justo e do injusto, da força e do direito.

Assim, como em todas as outras partes da administração, o governo deve proteger a fragilidade da infância contra o poder muitas vezes iníquo de seus mestres: é bem mais importante para ele ter diversos cidadãos honestos, bons e justos do que deixar que as crianças sejam atormentadas inutilmente para torná-las mais ou menos bem instruídas. Os grandes talentos são raros, os conhecimentos só são adquiridos com grande dificuldade, mas os homens de todas as condições são suscetíveis de virtudes, e a partir disso podem se tornar excelentes cidadãos.

É principalmente para a educação da gente do povo que todo legislador deve olhar. Livrando os fracos e os pobres dos insultos e das vexações dos poderosos e dos ricos, os cidadãos das classes inferiores terão almas mais elevadas, terão alguma estima por si, serão suscetíveis dos sentimentos da honra e se cuidarão melhor tanto interior quanto exteriormente.[5] A parcela mais numerosa de toda nação não tem nenhuma outra ideia de moral e de virtude além da que lhe dão os ministros da religião. Porém, essa moral religiosa, ocupada com outra vida, parece negligenciar as virtudes necessárias à vida presente, ela não fala ao homem do povo dos motivos humanos, naturais e perceptíveis que poderiam levá-lo ao bem, ela só lhe mostra, ao longe, algumas recompensas e castigos pelos quais, em geral, ele é suavemente abalado. Enfim, vê-se quase sempre a gente do

---

5 As nações mais livres da Europa são também as mais limpas em relação às casas e às roupas. A liberdade produz o bem-estar, que por sua vez produz a limpeza. Os ingleses e os holandeses são de limpeza tão maravilhosa quanto a sujeira dos espanhóis, portugueses, italianos, moscovitas etc.

povo aliar a bebedeira, o furto, o deboche e a devassidão com a religião, que consiste apenas em algumas práticas exteriores.[6]

É forçoso acreditar que as instruções dos ministros da religião se tornariam mais eficazes sobre o povo se, aos princípios e aos dogmas religiosos, eles quisessem juntar os princípios evidentes da moral humana que prova, aos homens de todas as condições, que eles estão interessados, nesta vida, em ser justos, bons, honestos, moderados etc. Inculcados desde a mais tenra juventude, esses princípios mostrariam aos artesãos, lavradores e indigentes que eles devem trabalhar para subsistirem honestamente, que a preguiça os expõe ao vício, que o vício conduz ao crime, que raramente pode escapar do rigor das leis. Esses princípios os fariam perceber que é preciso procurar fazer as coisas direito, trabalhar com atenção, não enganar no comércio, para adquirir um bem-estar que dificilmente seria proporcionado pela negligência ou fraude. Os princípios provariam que as paixões brutais expõem todo homem que a elas se entrega aos perigos mais manifestos, e que a intemperança conduz à insensatez, à perda das forças, à miséria. Uma moral humana, acomodada a cada classe de cidadãos, indicaria desde a infância as qualidades mais adequadas à sua condição, as virtudes às quais eles devem se habituar e os vícios que devem temer e dos quais devem fugir para a sua própria vantagem.

---

6 Uma prostituta de Paris ia todas as manhãs à missa para obter a graça de ter muitos amantes naquele dia. Um juiz de Amsterdam, que havia roubado, foi detido por não ter querido fugir no dia do sabá. O senhor De Caylus nos informa, em suas *Recordações*, que madame de Montespan, amante de Luís XIV, tinha grande cuidado em não comer carne às sextas-feiras e aos sábados, o que prova que as pessoas da alta sociedade muitas vezes não raciocinam melhor do que a gente do povo.

A populaça só é tão viciosa e tão desprezível porque o governo não se preocupa em fazer que ela seja adequadamente instruída. Em um Estado bem constituído, deve haver escolas gratuitas e públicas nas quais se instruiria e se alimentaria a juventude indigente; e as leis devem, então, obrigar os pais a enviar seus filhos para essas instituições, para receberem as lições e o pão que eles são incapazes de lhes dar. *Não há nenhum homem tão feroz que não possa ser domado pela cultura*, diz Horácio.[7]

Por outro lado, as amplas rendas do clero colocarão sempre um governo atento em condições de fundar escolas de moral e de bem recompensar todos aqueles que, sob sua atenção, se ocuparem da instrução da juventude. Será que a religião pode condenar um uso tão nobre e tão caritativo das riquezas consagradas à divindade? Será que existe algo mais apropriado para realçar os ministros da religião diante dos olhos de um povo feliz e virtuoso do que ver nesses homens benfazejos a fonte da felicidade pública e privada? A verdadeira caridade consiste sempre em fazer o bem aos indigentes; a verdadeira honra, em servir utilmente a pátria e em tornar os cidadãos melhores.

Já dissemos, de passagem, alguma coisa sobre a educação das mulheres (ver Capítulo VII). Deixamos entrever quão importante seria para um bom governo fazer que fossem dados alguns princípios virtuosos a essa porção amável da sociedade, que deve necessariamente influir sobre a felicidade de todos os cidadãos. Por menos que se reflita sobre isso, se reconhece facilmente que as mulheres têm, em muitos aspectos, necessidade dos mesmos princípios morais que a educação deve ensinar aos homens. Elas

---

7 "Nemo adeo ferus est, ut non mitescere possit, si modo culturae patientem commodet aurem" (Horácio, *Epístola I*, 39-40).

Etocracia ou o governo fundamentado na moral

têm necessidade de se conhecer, de saber aquilo que devem aos seres com os quais têm ou terão relações como filhas e mães, esposas, cidadãs; elas têm necessidade de serem instruídas acerca dos meios de se tornarem felizes em todas as áreas da vida, e de evitarem uma conduta oposta ao seu bem-estar duradouro. Dessa educação, depende visivelmente a tranquilidade das famílias, cuja reunião constitui a grande família ou a sociedade nacional.

De onde se deduz que a educação das mulheres deve, assim como a dos homens, mostrar as vantagens que a prática das virtudes sociais resultariam para elas. A justiça lhes ensina que elas não têm nenhum direito à afeição dos outros se não lhes manifestarem as mesmas disposições que querem encontrar neles. Seu coração sensível deve facilmente se abrir aos sentimentos tão doces da humanidade, da beneficência, da piedade, do amor conjugal, da ternura maternal e da amizade. Essa sensibilidade, esclarecida pela justiça, não será, então, perpetuamente extraviada, e não se voltará mais para objetos pouco aptos a merecê-la.

Observa-se que, em geral, as mulheres sentem intensamente, mas raciocinam muito pouco. Esse defeito é devido ao fato de que a educação não as habitua a refletir, não lhes dá noções de justiça adequadas para moderar as fantasias, os transbordamentos súbitos da imaginação, os caprichos inconstantes. Por falta de lhes ensinar a raciocinar, de acostumá-las a pensar, a pesar as consequências das suas ações, as mulheres, quase sempre injustas em suas vontades, permanecem sendo crianças mimadas, déspotas por vezes muito incômodas na sociedade.

Com efeito, a educação das mulheres peca pelos mesmos aspectos que a da maior parte dos príncipes: só lhes enchem a cabeça de vaidade; dizem a elas que elas foram feitas para reinar, para receber sem reciprocidade as homenagens dos adoradores que o seu sexo, seus encantos ou seus artifícios devem lhes proporcionar. Daí resultam todos os defeitos que são criticados nas mulheres bonitas. Elas só se ocupam de sua aparência, adornos, meios de valorizar seus encantos exteriores ou de esconder seus defeitos, e estratagemas que elas devem empregar para conquistar e aumentar seus escravos. A educação que se dá às moças distintas pela condição social ou pela opulência tende a fazer delas apenas coquetes ou tiranas que, ao quererem exercer seu domínio, terminam, como os déspotas, por se tornarem escravas e vítimas de algum indigno favorito que traz a perturbação para a família e degrada, aos olhos do público, a amante pela qual parecia ter sido acorrentado.

Dança, música, arte de se exibir com sucesso, de seduzir – é a isso que se limita a educação que é dada em toda parte às pessoas do sexo frágil destinadas a brilhar na alta sociedade. Além disso, quando não receberam da natureza um bom caráter, elas só levam para essa sociedade alguns vícios, alguns caprichos e a desordem. Aquelas que se sentem providas de encantos, asseguradas pelo poder, fazem comumente que todos os que se aproximem delas experimentem a sua arrogância e o seu desdém; enquanto as menos favorecidas na aparência fazem que a inveja, o mau humor e os desgostos se manifestem. Apaixonadas, quase todas, pelas mesmas frivolidades, se estabelece entre as mulheres uma rivalidade contínua, fazendo raramente se estimarem e se amarem de maneira duradoura. A ligação entre elas se baseia apenas na necessidade do prazer, nos divertimentos necessários para seres continuamente ociosos, incapazes de se ocupar e mergulhados no tédio que sempre acompanha a ociosidade e a vacuidade do espírito.

A educação das mulheres de todas as classes deve habituá-las desde cedo ao amor pelo trabalho, necessário em todas as posições da vida, seja para escapar ao tédio que as arrasta muitas vezes à desordem e à ruína, seja para que elas adquiram subsistência honesta, que as preserva do vício e do crime.

Quanto às pessoas do sexo frágil favorecidas pela fortuna, a educação deve lhes ensinar a usá-la com sábia economia, que as faz terem a consideração dos seus esposos e as torna queridas por sua família; ao passo que suas extravagâncias, seus esbanjamentos e seu gosto pelo prazer não podem deixar de fazer delas esposas desagradáveis e odiosas mães desnaturadas. Enfim, adornando o espírito das mulheres com conhecimentos ao seu alcance, a educação lhes fornece recursos seguros contra o tédio que comumente as atormenta logo que elas transpõem a primavera da vida.

Ao vermos a educação que é dada quase sempre às mulheres da alta sociedade, dizemos que elas só devem viver alguns poucos anos, ao fim dos quais não haverá mais nada que elas possam fazer na sociedade. A partir do momento em que a época dos encantos e dos prazeres acaba, uma mulher se vê condenada a se entediar: abandonada por seus escravos, torna-se um monarca destronado; não se apresenta mais nos círculos nos quais outrora reinava; perde o gosto pelos prazeres dos quais estava ávida; entrega-se ao pesar, aos vapores e à tristeza; uma devoção minuciosa, sombria e quase sempre pouco sociável se apodera do seu cérebro; sua atividade faz que algumas vezes entre em querelas, em conspirações religiosas, em complôs quase sempre funestos à tranquilidade pública e ao repouso dos cidadãos.[8] É assim que, por falta de saberem se ocupar utilmente, por falta de

---

8 A devoção nas mulheres, segundo lorde Halifax, quase sempre só lhes serve para mascarar o desespero de não ter mais encantos (cf. George Savile, *Advice to a daughter*).

serem suficientemente instruídas, muitas mulheres passam da desordem à melancolia, do esbanjamento às intrigas, do vício a uma devoção equivocada, que as torna inconvenientes para sua família e para a sociedade. Guiadas por homens turbulentos, as mulheres se tornam às vezes instrumentos muito perigosos.

Uma educação mais previdente e sábia deve fornecer às pessoas do sexo frágil alguns objetos capazes de ocupá-las e de entretê-las por toda a vida de maneira mais agradável e honrosa para elas mesmas, menos incômoda para os que as rodeiam e menos nociva para o descanso da sociedade. Os inconvenientes que resultam das inquietações de algumas mulheres entregues à devoção são devidos à educação que elas normalmente receberam nas casas religiosas, nas quais algumas pessoas ocupadas unicamente com outra vida estão em completa ignorância com relação às coisas úteis e necessárias à vida presente – e, por conseguinte, sem condições de ensinar às suas jovens alunas como elas devem se comportar para a sua própria felicidade, assim como para a de outros. Uma devoção mais esclarecida as torna mais sociáveis, ensina às mulheres destinadas a viver nesse mundo que elas são obrigadas a cuidar do bem-estar de sua família, a se tornarem agradáveis aos seus maridos e àqueles que convivem com elas, a estarem atentas à educação de seus filhos e a vigiarem a sua criadagem, sem jamais entrarem em conspirações, intrigas e partidos nocivos à tranquilidade pública, nos quais só podem desempenhar papel ridículo e deslocado.

Uma boa moral ao alcance de todos os sexos, de todas as classes e de todas as idades, preserva as mulheres das vaidades, dos desregramentos e das ninharias às quais as vemos quase sempre apegadas. O estudo da história as instrui divertindo-as, ele lhes mostra que houve outrora e que ainda pode haver algumas mulheres capazes das mais difíceis empreitadas, suscetíveis de coragem, de amor pela pátria, do entusiasmo mais ardoroso pela honra e pela virtude. Será que os exemplos memoráveis das mulheres de Esparta e de Argos – Quilônis, Cornélia e Zenóbia – não deveriam mostrar às mulheres que seu sexo pode adquirir vigor, patriotismo, grandeza de alma e luzes dos quais os próprios homens de nações subservientes e corrompidas são incapazes? Nessas nações, as mulheres inebriadas pelos prazeres e pelas frivolidades só pensam em se divertir, envelhecem em uma longa infância e jamais se ocupam de objetos dignos de interessar os seres sensatos. Quando elas se misturam em alguns assuntos, é para tudo estragar e tudo arruinar.[9]

Abolindo o luxo e cuidando da educação das mulheres, um bom governo faz delas esposas fiéis e virtuosas, mães mais atentas, amigas mais sólidas e membros mais estimáveis da sociedade. Enfim, cidadãs que formam para a pátria melhores cidadãos.

---

9 É deplorável para uma nação que as mulheres tenham grande credibilidade. Como habitualmente se apaixonam sem exame e sem conhecimento de causa, aqueles que lhes dão ouvidos se expõem a cometer muitas injustiças. Existem países nos quais as mulheres se metem em tudo, e eles nem por isso são mais bem governados. Um provérbio italiano diz, com razão, *infeliz da casa onde as galinhas cantam e o galo fica mudo.*

XI

Das leis morais relativas aos casamentos e à vida doméstica ou privada

As leis de toda nação civilizada tornaram sagrados os laços do casamento. Elas desejaram que a fonte que fornecia filhos ao Estado fosse sadia e pura, consequentemente, quase sempre castigavam com furor os atentados que conspurcavam o leito nupcial. De acordo com a lei de Moisés, tanto o homem quanto a mulher adúlteros eram punidos com a morte.[1] Essas leis severas assinalam o horror que os mais sábios legisladores tiveram por um crime destruidor da união mais sagrada, a mais importante para a sociedade.

Que ideia, pois, a razão pode ter da corrupção dos países onde o adultério, fortalecido por inumeráveis exemplos, termina por ser considerado como uma ninharia sobre a qual o governo deve prudentemente fechar os olhos? Se a multidão dos culpados obriga o soberano a não decretar contra eles leis cruéis

---

1 *Se um homem dormiu com a mulher de um outro, que ambos sejam mortos: com isso, o mal será banido de Israel* (cf. Levítico, cap.XX, v.10; Deuteronômio, cap. XXII, v.22). Dracon também punia os adúlteros com pena de morte.

e sanguinárias, será que ele não deve, ao menos, forçar seus crimes a se ocultarem nas sombras mais espessas do mistério? Será que o soberano não deve humilhar, por meio de manifestações de desprezo, de privações e da perda de favores, aqueles que ele não deseja que sejam punidos por leis severas? Existem todos os motivos para presumir que, em uma monarquia na qual se queira restabelecer os bons costumes, o monarca que, *ao ar livre*, banisse da sua presença com ignomínia todo cortesão culpado de crime, o puniria ao menos a não ousar se exibir com audácia, e o forçaria a buscar as trevas nas quais está destinado a permanecer vergonhosamente escondido. Um príncipe onipotente não tem necessidade de leis cruéis para restabelecer a boa ordem em seus Estados, ou ao menos para impedir que o vício ande neles de cabeça erguida.

Se, em algumas nações que se creem civilizadas, a violação da fé conjugal é punida por leis ou autoridade, o castigo recai unicamente sobre o sexo mais fraco, o mais digno de piedade, o mais exposto à sedução. Uma mulher é muitas vezes entregue aos horrores de uma abominável prisão por solicitação de um tirano que, aos olhos do público, é culpado pelo mesmo crime! Será que, ao menos, leis menos parciais não devem permitir que a mulher se queixe à justiça pelos ultrajes que lhe foram feitos, e reclame, com o rigor da autoridade ou dos tribunais, contra o autor de seus sofrimentos? Será que este autor, mais forte e tido como mais sensato, não deve ser mais severamente castigado que a sua companheira, cujo crime quase sempre se deve unicamente à sua fragilidade? Enfim, será preciso que, com a concordância do governo e das leis, o direito de oprimir seja em toda parte o apanágio da força, e ser oprimido seja o apanágio da fraqueza e da desgraça?

Etocracia ou o governo fundamentado na moral

É a leis mais justas que cabem fazer desaparecer tais iniquidades, que elas reprimam os vícios dos maridos antes de punir severamente os desregramentos das mulheres, que a esposa, apoiada na força pública, tenha o direito de se queixar da tirania, dos maus-tratos, das paixões incômodas e do mau humor contínuo de um esposo com o qual a vida se torna insuportável para ela. Que esse tirano perca todos os seus direitos, dos quais ele muito covardemente abusou, que a lei tome dele seu domínio e que esses esposos sejam para sempre separados.

Não repetiremos o que é possível dizer a favor do divórcio, do qual tudo deve demonstrar a utilidade, ao qual algumas leis extraídas, não de vãos preconceitos, mas da própria natureza, devem conceder as maiores facilidades. Em Roma, os esposos em querela se reconciliavam aos pés dos altares de uma deusa, cuja única função era promover harmonias.[2] Porém, existem diversos procedimentos tão cruéis, temperamentos tão pouco compatíveis e tiranias tão revoltantes que é tão inútil quanto insensato ter a esperança de reaproximar esposos que muito sofreram. Nenhuma lei verdadeiramente divina pode exigir que seres feitos para se detestarem, se atormentarem e para tornarem amarga a vida uns dos outros permaneçam unidos. Nenhuma lei social pode autorizar um abuso tão gritante, que faz do casamento o compromisso mais odioso. Forçar um esposo a manter em seus braços uma adúltera infecta e corrompida, pela qual seu coração deve ter aversão, não será o mesmo que fazê-lo sofrer o atroz suplício de Mezêncio?[3]

---

2 Cf. Valério Máximo, livro II, cap.I. Barão de Holbach refere-se à deusa Viriplaca, cujo templo localizava-se no alto do monte Palatino.

3 Esse tirano, segundo Virgílio (*Eneida*, VIII, 485), fazia homens vivos serem amarrados a corpos mortos: "Mortua quin etiam jungebat

Barão de Holbach

Como um apego servil a algumas leis caducas pode fazer que, ainda hoje, em algumas nações racionais, alguns magistrados adjudiquem a um esposo, ausente há alguns anos, os filhos adulterinos que uma mulher impudica põe em sua casa? Dizem que *o casamento deve indicar o pai;*[4] essa lei bizarra é feita para assegurar a condição dos filhos e a paz das famílias. Estranha paz, sem dúvida, essa que faz um marido admitir os costumes dissolutos de uma mulher impudente, de uma mãe desnaturada que dá, aos seus filhos legítimos, usurpadores como irmãos! Como?! Será que o divórcio não deveria separar para sempre um marido de uma impudica pronta a reduzir seus filhos à mendicância?

Que os legisladores pesem, portanto, toda a injustiça das leis verdadeiramente bárbaras que, em algumas nações, regulam a sorte dos esposos de maneira tão contrária à essência do casamento, à felicidade dos esposos, à propriedade dos filhos e aos costumes honestos. Teme-se que em algumas cidades depravadas, onde cada um desdenha sua mulher pela de um outro, restem pouquíssimas casas sem divórcio. Claro! Qual é o tão grande mal no fato de que esposos insensatos se separem? Será que eles se tornam mais prudentes permanecendo acorrentados?

---

corpora vivis". As leis romanas permitiam que uma mulher repudiasse seu marido; um judeu podia repudiar sua mulher por ter deixado a carne cozinhar demais. O Concílio de Elvira (século IV, no território da atual Espanha) condenava os eclesiásticos que não repudiassem sua mulher após saberem dos seus desregramentos. Nos reinados de Constantino e de Teodósio, o divórcio também era permitido (cf. Pierre Bayle, *Nouvelles de la République*, t.I, p.517-8).

4 "Pater est quem nuptiae demonstrant." Cita-se na França o exemplo de um indivíduo que, depois de se ausentar por três anos, em que passara em uma ilha da América, foi obrigado a reconhecer como seus os três filhos que sua mulher tinha tido durante sua ausência.

As pessoas se queixam incessantemente da vaidade, da leviandade, do esbanjamento, da falta de economia e do gosto pelos enfeites que mostram tantas mulheres gastadeiras, que, com isso, tornam-se flagelos para sua família. Ah! Não será o luxo, transmitido da corte para a cidade, e propagado até às mais ínfimas classes de uma nação que inebria algumas cabeças privadas de experiência, que a educação não cultivou e que não sabem se empregar utilmente? Continuamente ocupado em criar festividades ruinosas, divertimentos pomposos, passatempos estrepitosos e espetáculos tão apropriados a incitar os desejos curiosos de muitas mulheres tão inúteis quanto ociosas, um governo frívolo e esbanjador não é autor e instigador de todas as extravagâncias que são censuradas nas mulheres? Suprimindo o luxo e fazendo que fosse dada às pessoas do sexo frágil uma educação mais cuidada, elas logo saem dos seus extravios; elas se tornam companheiras mais cordatas e mais assíduas de seus esposos, e menos insensatas. Toda a lei que proscrever o luxo ou que diminuir os meios de constituir fortunas ilícitas aproxima os homens da razão e dos deveres.[5]

Os casamentos precoces podem ser considerados uma das causas que contribuem para torná-los infelizes. O legislador talvez deva impedir que um compromisso tão sério e solene seja assumido em uma idade na qual os esposos, mal saídos

---

5 Havia entre os gregos um magistrado ou censor unicamente encarregado de inspecionar os adornos e a vestimenta das mulheres, o *gynaecomos*. Brantôme diz que as pessoas sábias de seu tempo criticavam o rei Francisco I *por ter introduzido na corte as grandes assembleias, lugar de acesso e residência ordinária das damas* (cf. Pierre de Bourdeille Brantome, *Oeuvres du Seigneur de Brantome*, t.VI. Haia: Aux dépens du Libraire, 1740. p.336). Era o verdadeiro meio de arruinar a nobreza.

da infância, não têm nem a força do corpo, nem a maturidade do espírito suficientes para conhecer e cumprir seus deveres. Crianças insensatas ficam logo desgostosas; elas não dão ao Estado cidadãos robustos. Platão não queria que na sua República os homens se casassem antes dos 30 anos e as moças antes dos 20.

Nos dirão, talvez, que o governo não deve entrar nos assuntos das famílias, nos detalhes econômicos. Respondemos que, como as famílias são materiais do edifício político, o arquiteto deve aperfeiçoar, tanto quanto possível, aqueles que entram na construção. Aristóteles, tendo de tratar da política, começa por falar da ciência econômica, ou seja, daquela que se ocupa da organização interna das famílias. São medíocres os políticos que querem constituir uma sociedade próspera com cidadãos corrompidos ou infelizes.

As leis deveriam dissuadir os cidadãos dos casamentos nos quais os esposos com idade demasiadamente desproporcional não podem realizar as aspirações da sociedade, que exige deles cidadãos. Os casamentos entre pessoas muito desproporcionais quanto à condição social são, em geral, acompanhados ou seguidos pelo desprezo; eles unem dois esposos que não falam a mesma língua. Platão recomenda, com razão, os casamentos dos ricos com pessoas menos favorecidas pelo bem da fortuna; essas uniões são apropriadas para dividir as riquezas, que tendem a se acumular bastante em um pequeno número de mãos. Enfim, alguns políticos acreditaram que seria útil para os bons costumes que não se desse nenhum dote às moças quando elas se casassem.

Licurgo diz que os sacrifícios das pessoas casadas eram os mais agradáveis aos deuses. Sólon queria que, em Atenas, todo cidadão se casasse para prevenir os adultérios. Os romanos excluíam dos maiores cargos da república aqueles que mantinham o celibato. Augusto fazia que os celibatários que ele recebia em audiência permanecessem de pé, e mandava trazer cadeiras para os cidadãos casados. Moderando o luxo e reformando os costumes, um bom governo torna o celibato mais raro. Uma nação corrompida se enche de celibatários; ela não merece que lhe deem cidadãos. O grande número de filhos é assunto doloroso para o homem rico, ao passo que faz a felicidade do agricultor e do pobre. Os cuidados exigidos por uma esposa e alguns filhos parecem um estorvo odioso para alguns homens isolados, individualistas e viciosos, que só veem a si na natureza e que não conhecem neste mundo senão o amor pelo prazer.

Ao gerarem filhos, os pais assumem a obrigação de trabalhar por sua felicidade, de lhes proporcionar uma educação de acordo com sua posição, de colocá-los em condições de subsistir honestamente ou de viver com a estima de seus concidadãos. O governo deve incentivar os pais a cumprir esses compromissos, sem os quais a autoridade paterna seria uma usurpação manifesta. Aqueles que negligenciam deveres tão sagrados são comumente punidos com filhos pouco dispostos a reconhecer uma autoridade que os incomoda sem lhes proporcionar qualquer benefício.

O vício rompe de tal modo os laços mais sagrados que deveriam subsistir entre os homens, que nem o legislador mais sábio pode restabelecê-los sem enfrentar dificuldade. Os maus pais, tiranizando seus filhos, fazem deles rebeldes que, por sua vez, os atormentarão. O pai avarento força seu filho a desejar secretamente a sua morte, que lhe permitirá ter posse das riquezas das quais o descendente se vê privado. O pai dissoluto e sem bons costumes vê com dor alguns dos seus filhos se parecerem com ele.

As pessoas se queixam, com razão, de que a autoridade paterna, que a lei havia tornado tão despótica entre os romanos, seja quase nula entre os povos modernos. Porém, essa autoridade podia ser ilimitada sem inconvenientes em um Estado pobre, onde o luxo e as desordens que ele acarreta fossem totalmente ignorados. As leis foram obrigadas a limitar esse poder quando a depravação introduzida pela opulência encheu o Estado de maus cidadãos. Aristóteles diz que *havia tanta necessidade do direito civil entre o pai e seus filhos quanto entre o senhor e seus escravos*. Qual seria a sorte dos filhos desgraçados se, em nações sem bons costumes, eles fossem entregues sem defesa aos caprichos de tantos pais pródigos, jogadores e devassos, nos quais seus vícios sufocaram os sentimentos da natureza? A autoridade paterna deve se tornar quase nula em uma nação sem bons costumes; ela deve ser tomada dos cegos que nada mais fariam que abusar dela. Essa autoridade só seria útil em um Estado bem organizado, onde pais virtuosos formariam para a sociedade membros capazes de contribuir para o bem-estar. A casa paterna deveria ser para os filhos a escola da boa ordem e da virtude. Um pai de família, no meio de seus filhos, deveria ser um magistrado doméstico, ocupado incessantemente em auxiliar, por meio de lições e exemplos, o magistrado social ou o legislador. "A casa paterna parece ser um santuário augusto, onde os jovens cidadãos, sob os olhos de ministros queridos, são iniciados na prática das virtudes públicas por meio do exercício das virtudes privadas", diz um moderno.[6]

---

6 Provável citação de Pierre Lefèvre de Beauvray. (N. T.)

Etocracia ou o governo fundamentado na moral

Portanto, é apenas banindo o luxo e reformando os costumes que o legislador poderá restabelecer a hierarquia paterna, tão necessária à organização de toda sociedade bem regrada. Enquanto isso, os filhos serão, por assim dizer, estranhos em relação a seus pais. A ternura paterna e a devoção filial se encontram apenas em um pequeno número de famílias, fiéis conservadoras do precioso depósito dos costumes. Em qualquer outra parte, veremos o filho e o pai viverem em um estado de guerra, e algumas vezes fazerem repercutir nos tribunais suas desonrosas querelas; veremos filhos disputarem a subsistência com a mãe que os carregou no ventre; veremos parentes se odiarem, se ignorarem e trapacearem uns aos outros sem pudor pelo mais vil interesse; veremos homens, que a amizade parecia unir, virarem as costas para seus amigos em dificuldades a fim de se isentarem de lhes prestar auxílio. Tais são, no entanto, as maravilhas que a sede de ouro operam nessas nações opulentas, as necessidades imensas do luxo, o esbanjamento contínuo e a corrupção dos costumes. A ternura conjugal, o amor dos pais pelos filhos, a devoção filial, a união das famílias, os encantos da verdadeira amizade, todas as virtudes que podem fazer a felicidade da vida doméstica e privada, são prazeres ignorados nas sociedades onde os homens, inebriados pelo luxo e pelo amor aos prazeres, buscam senão os meios de obtê-los.

Se o legislador não pode de chofre modificar os corações perversos, ele pode ao menos prevenir ou reprimir, por meio de uma política justa, uma infinidade de injustiças particulares que ferem cotidianamente os cidadãos, tais como, entre outras, as crueldades dos patrões, que parecem muitas vezes se esquecer de que os empregados são homens e de que estão ligados a eles por alguns deveres. Embora os direitos bárbaros que os gregos e os romanos concediam aos senhores sobre seus escravos tenham sido abolidos entre nós, seria possível acreditar que eles ainda subsistem ao vermos a injustiça com a qual os empregados domésticos são tratados pelos tiranos que a pobreza os obriga a servir. Pouco contentes em lhes falar com arrogância, em lhes mostrar um desprezo aviltante e em repreendê-los com rigor por algumas faltas leves, veem-se alguns patrões bastante covardes e vis para reterem o salário dos empregados e até mesmo agredi-los impunemente.[7]

Algumas leis justas, destinadas sobretudo a proteger o fraco, devem, em todos os países, remediar semelhantes excessos e reprimir os furores desses tiranos domésticos que, maltratando seus servidores, aviltando-os e lhes tirando o sentimento da honra, fazem deles maus súditos e homens muito perigosos para a sociedade. Será, pois, surpreendente que alguns seres degradados e muitas vezes corrompidos pelo exemplo dos seus senhores não tenham nenhum princípio de moral, de humanidade, de equidade e de compaixão, e se tornem algumas vezes os assassinos daqueles que os oprimiam cruelmente?

Já fizemos perceber os inconvenientes do luxo que, multiplicando os lacaios que a preguiça atrai para as cidades, priva os campos de seus cultivadores. Faremos somente observar que essa prodigiosa massa de ociosos reunidos deve necessariamente produzir uma fermentação nociva. Esses homens desocupados, pervertidos pelos exemplos de seus superiores, não tardam a corromper uns aos outros e terminam por adquirir o hábito

---

7 Os atenienses concediam aos escravos o direito de reclamarem dos seus senhores. Na Inglaterra e na Holanda, um patrão que tivesse espancado seu criado seria condenado a pagar-lhe uma pesada multa como indenização.

dos vícios mais perigosos. O criado que quisesse conservar nas cidades os costumes simples da choupana paterna seria, para seus camaradas, um objeto de riso; assim, eles o moldam, ensinam-lhe meios engenhosos de furtar, banem seus escrúpulos e conseguem, muitas vezes, fazer do homem mais estúpido um celerado convicto.

Nada é mais raro, nas cidades opulentas e vastas, do que criados apegados aos seus deveres e fiéis aos seus senhores; a imprudência e a leviandade com a qual os senhores contratam as pessoas para servi-los fazem que comumente eles sejam muito mal servidos. Por outro lado, o criado, seguro de que em uma grande cidade não pode faltar emprego, se incomoda muito pouco em contentar um patrão que ele pode largar sem inconveniente, espera, além do mais, se perder na multidão, na qual seus vícios permanecerão ocultos. Uma política sábia deveria, pelo bem dos cidadãos, suprir a imprudência dos patrões, que pode algumas vezes expô-los a enormes perigos. Todo homem que quer servir deveria ser registrado, portando certificados autênticos que indiquem seu local de nascimento, família, pais e a inocência de seus costumes. Aquele de quem se conhece os antecedentes se comporta, habitualmente, com mais prudência do que aquele que, caindo das nuvens, pode se perder na multidão. Ao deixar um patrão, o criado deveria novamente se apresentar à polícia que, julgando os motivos de sua demissão ou de sua saída voluntária, o puniria ou permitiria que fosse servir em outro lugar. Existem todos os motivos para crer que algumas precauções dessa natureza proporcionariam mais segurança aos patrões e mais zelo aos criados, e preveniriam grande número de acidentes e crimes.

Mas a vaidade dos patrões é uma das causas que contribui de maneira mais acentuada para a perversidade, a insolência e os vícios dos criados. Algumas pessoas importantes, que acreditam ser assim somente porque ousam tudo impunemente, transmitem à sua criadagem sua audácia, sua injustiça e suas imunidades. É por isso, sem dúvida, que o cidadão honesto é tantas vezes, nos maus governos, o joguete ou a vítima da impertinência ou da desumanidade desses lacaios arrogantes, que são protegidos pelos poderosos e tolamente adornados pela pompa. Em algumas nações, a desproporção que a posição social e o nascimento estabelece entre os homens é tamanha que o lacaio de um grande senhor pode, sem consequências, insultar, maltratar, massacrar um cidadão comum, muitas vezes mais útil à sociedade do que o seu orgulhoso patrão. No entanto, esse patrão normalmente assumirá a causa do seu lacaio culpado, ele sustentará que *a sua criadagem deve ser respeitada*. Intimidado por um nome, o juiz não ousará punir um celerado, porque ele é escravo de um príncipe ou de um homem de qualidade.

É assim que, nos governos injustos, a equidade é de tal modo esquecida que tudo o que está próximo do poder, até os lacaios, pode se entregar à perversidade. Por menos que um governo conhecesse os direitos da justiça e da humanidade, ele reprimiria severamente um orgulho tão contrário à segurança dos cidadãos, tornaria os patrões responsáveis pelos atentados dos seus criados, os forçaria a ser justos e, pelo menos, a esconder do público a depravação de seu coração empedernido pela vaidade. Por meio de alguns exemplos de rigor, ensinaria a todos os poderosos que o mais humilde dos cidadãos tem direitos tão fundamentados à proteção das leis quanto o cidadão mais eminente. Tais disposições só desagradariam alguns homens nos quais a insolência do preconceito tivesse feito calar todo sentimento de virtude. O legislador deve esmagar o orgulho dos poderosos que

Etocracia ou o governo fundamentado na moral

mostrarem esse caráter atroz, que não merecem nenhuma consideração da parte de um soberano amigo da ordem e da equidade.

Reprimindo o luxo e manifestando profundo desprezo pela pompa inútil, um monarca verdadeiramente grande inspira sentimentos mais humanos e mais nobres àqueles que o rodeiam. Eles não acreditam que é do interesse da sua honra defender as tolices ou os delitos infames dos seus lacaios — eles lhes ensinam a respeitar todo cidadão, não os pervertem mais com um luxo inapropriado em homens destinados à servidão — e que a pompa nada mais pode fazer do que encher de impertinência e vaidade.

Não é em absoluto fazer um bem aos criados vesti-los soberbamente, é perturbar a cabeça deles com algumas frivolidades inúteis, é torná-los insolentes e malvados. Todo homem que serve deve estar contido nos limites da modéstia adequada à sua condição. Encorajá-los a bem agir pela esperança de melhorar a sua sorte, tratá-los com bondade e ser fiéis em pagar o seu salário seria mais honroso para os patrões do que uniformes engalanados ou chapéus emplumados.

Enfim, desencorajando o luxo tão ruinoso para os poderosos — quase sempre muito fielmente ligados a ele —, um bom governo os desvencilha de uma multidão de lacaios inúteis que os devoram, os pilham, perturbam a sociedade. As cidades seriam purgadas de grande número de ociosos que nelas se corrompem e seriam devolvidos aos campos alguns braços aptos a cultivá-los, enfim, as leis não teriam mais tantos crimes para punir.

XII
Da legislação moral sobre os crimes

Sempre guiado pelos princípios de uma moral branda, humana e paciente, o legislador de forma alguma os perderá de vista quando for forçado a castigar o crime, ele sofrerá com os extravios dos homens e só acreditará neles com dificuldade. No temor de punir o inocente, quando se vir forçado a castigar o culpado, ele tomará todas as precauções para desvendar a verdade. Abominando as máximas de um despotismo odioso, algumas suspeitas, meias provas, delações duvidosas e rumores vagos não serão, para ele, indícios convincentes. Sem interesse ou paixão, sempre calmo, examinará com sangue-frio e só se determinará a entregar o desgraçado à severidade das leis depois de ter esgotado inutilmente os meios de subtraí-lo à pena.[1]

Assim deveriam ser os princípios de todo juiz quando se acha encarregado, para a segurança pública, de um ofício penoso e

---

[1] Dizem que os sacerdotes mexicanos tinham o costume de lutar com alguns prisioneiros, tendo o cuidado de amarrá-los bem. Essa conduta covarde se assemelha à dos juízes ou comissários nomeados pelos príncipes despóticos para instruir os processos criminais.

rigoroso. Se a rotina estúpida e o hábito não o endureceram totalmente, ele terá temor mortal de decidir muito levianamente o destino do acusado. Que imagem mais terrível e importuna, para um juiz íntegro e cheio de humanidade, do que a que lhe mostre a cada instante as feições de um desafortunado gemendo em uma masmorra escura, e depois injustamente entregue a carrascos impiedosos! Será que o grito lamentoso da inocência oprimida não é algo que ressoe para o resto da vida no fundo do coração de um magistrado sensível? Será que existe suplício mais atroz do que ouvi-lo a todo momento? Não seria cem vezes melhor que um culpado esperto e astucioso pudesse escapar do suplício que merece do que condenar a esse sofrimento um homem que não o mereceu?

Esse quadro assustador, delineado pela humanidade, deveria sempre servir de contrapeso para a severidade do magistrado quando ele está prestes a decidir sobre a vida de um desgraçado. Se a tranquilidade da sociedade pede que ela seja liberta dos malvados que a perturbaram com seus malfeitos, uma experiência terrível ensina a todo juiz que ele deve desconfiar das aparências, e que todo cidadão deve estremecer quando pensa que muitas vezes, por estranha combinação de circunstâncias, a inocência sucumbiu e se viu forçada a sofrer o suplício do crime.

Destinada a deter o presumivelmente culpado, a prisão é em geral um castigo cruel, um suplício antecipado. O interesse da inocência, que nela se encontra muitas vezes confundida com o crime, exige que esses alojamentos sejam menos incômodos e mais sadios. Será que não é suficiente, pois, que alguns indícios pouco seguros e algumas suspeitas, por vezes mal fundamentadas, façam um homem ser privado de sua liberdade sem que suas aflições sejam agravadas por pesadas correntes e por uma

Etocracia ou o governo fundamentado na moral

habitação infecta e capaz de transmitir moléstias cruéis? Será que está se reparando o erro ao permitir que um cidadão injustamente detido nessa morada de horror, após longo cativeiro, saia desprovido de recursos, carregado de enfermidades e arruinado? Será que, em um governo justo, a sociedade, interessada em ver triunfar a inocência, não deveria desejar que o inocente fosse indenizado pelas perdas e pelos males que ele pode ter sofrido?

Não falaremos aqui dessas torturas imaginadas por alguns tiranos furiosos para arrancar de suas vítimas confissões que justifiquem suas crueldades. Muitos escritores amigos da humanidade se insurgiram justamente contra essa prática tão bárbara quanto inútil,[2] e algumas nações modernas aboliram essas atrocidades gratuitas. Mesmo assim, ainda as vemos serem cotidianamente praticadas por alguns tribunais arrastados por uma rotina cruel, quando todos os juízes reconhecem que a *questão*[3] só serve para forçar o inocente muito fraco a se acusar falsamente, ao passo que muitas vezes ela não pode fazer o criminoso robusto confessar nada.[4] É preciso que a humanidade e a piedade sejam bem fracas ou raras, mesmo entre os homens esclarecidos, já que elas não podem resistir ao império desprezível da rotina! Que honra não conquistariam perante os olhos da humanidade os magistrados que requeressem ao soberano a

---

2 Cf. Cesare Beccaria, *Dei delitti e delle pene*, 1764. O uso da tortura foi abolido há muito tempo na Inglaterra, e há pouco tempo na Suécia.

3 Eufemismo utilizado para designar a tortura praticada como procedimento judicial. (N. T.)

4 O célebre jurista holandês Hugo Grotius (*Epistolae* 693) diz, sobre a *questão*, que aquele que puder suportá-la mentirá, e aquele que não puder suportá-la mentirá da mesma maneira: "Mentietur qui ferre potuerit, mentietur qui ferre non potuerit".

abolição dessa prática criminosa a partir do momento em que se dessem conta de que ela é apenas cruel?

Se a moral — sempre humana e compassiva para o malvado quando ele é desgraçado — presidisse a confecção das leis penais, ela baniria esse espírito despótico e feroz pelo qual a legislação parece comumente animada. Então, a jurisprudência criminal, em vez de supor que todo acusado deve ser culpado, viria em seu auxílio, não lhe mostrando jamais um caráter tirânico e vingativo. O juiz não transformaria em questão de honra encontrar culpados, os processos clandestinos e os interrogatórios secretos não condenariam um desgraçado sem o seu conhecimento, que teria a liberdade de se defender diante dos olhos do público e sua vida não dependeria de um relator que pudesse ser ignorante ou predisposto, ou de uma comissão secreta cuja autoridade dita muitas vezes as sentenças.[5]

Frequentemente estabelecidas por um despotismo brutal, as leis penais ordenam a morte com uma facilidade que faz gemer a justiça e a humanidade. Será que um cidadão que, em um momento de delírio e perturbação, tiver cometido um furto de pouco valor merece, pois, a morte? Será que aquele que comete uma falta leve em um instante infeliz é incorrigível? Será que merece ser destruído como um malfeitor empedernido no crime? Será que um embriagado que, em uma rixa fortuita ou em um impulso de cólera, matou seu semelhante deve perecer do mesmo modo que aquele que, com sangue-frio ou por um objetivo por longo tempo planejado, assassina um cidadão? A pena

---

5 A jurisprudência criminal da Inglaterra, tida como a mais justa da Europa, se fundamenta nesses princípios. Acusa-se a da França de ser calcada nas máximas atrozes da Inquisição, com exceção, no entanto, da confrontação das testemunhas.

Etocracia ou o governo fundamentado na moral

capital, aplicada contra o ladrão, o convence a matar aquele que ele roubou, ele se torna cruel para se desfazer de uma testemunha que o conduziria à morte se a deixasse com vida. Dizem que os assassinatos se tornaram muito raros na Rússia depois que nela suprimiram a pena de morte.

A humanidade treme ante a visão dos refinados suplícios que ainda vemos serem usados em algumas nações civilizadas. Essas crueldades tão habilmente estudadas são, evidentemente, obra da tirania, que a adulação nunca acha ter sido suficientemente vingada. As leis ferozes que condenam a esses horríveis tormentos parecem, em conformidade com Calígula, ordenar aos carrascos que *firam de maneira a que se sinta morrer*. Será que juízes cristãos, nações cristãs, cuja religião considera a blasfêmia e a desesperança como os maiores crimes, podem adotar suplícios cujo rigor pode conduzir a esses crimes capazes de incorrer nos tormentos eternos? Porém, a rotina jamais raciocina, e os bajuladores dos tiranos nunca têm piedade todas as vezes em que se trata de mostrar-lhes zelo. Será que os refinados suplícios da Inquisição não nos provam que seus ministros e asseclas são hipócritas que confundem Deus com um tirano cujos interesses exigem que se sufoque qualquer sentimento de caridade?[6]

Será que a equidade natural pode aprovar algumas práticas e leis iníquas que, pouco contentes em punir um culpado e em lhe tirar a vida, declaram seus bens como propriedade do soberano e punem sua família inocente? Se os crimes e as faltas devem

---

6 Todos sabem que quase sempre são cometidos furtos e roubos aos pés dos cadafalsos e das forcas onde a multidão vê as execuções. O povo de Paris recolhe como relíquias os restos de um criminoso executado que sofreu muito, com a ideia de que seus sofrimentos expiaram seus crimes e o conduziram ao Paraíso.

ser pessoais, são necessários todos os sofismas de uma jurisprudência ávida e despótica para disfarçar essas injustiças gritantes, com as quais, no entanto, uma longa sequência de séculos familiarizou os povos.

Portanto, que uma legislação mais justa e humana ponha fim a essas injustiças evidentes, e sobretudo a essas horríveis carnificinas, que ela poupe, tanto quanto possível, a vida dos homens, que extinga alguns tormentos cuja ideia revolta qualquer alma honesta, que deixe para os povos estúpidos e selvagens os vãos aparatos da crueldade – que fazem apenas que o malvado se torne mais feroz e sanguinário –, que não acostume os cidadãos a verem o derramamento de sangue, com medo de habituá-los à desumanidade.

Em todos os castigos, o legislador deve ter por finalidade corrigir o culpado e instruir o povo pelo exemplo do desgraçado que é punido. Não se corrige aquele que se mata; seu caso pode comover o homem do povo que tem o coração sensível. Porém, uma experiência repetida é suficiente para nos provar que os mais terríveis castigos não inspiram nenhum respeito aos malvados empedernidos, aos insensatos arrastados por fortes paixões, aos descerebrados privados de reflexão. Ora, é por gente dessa espécie que são cometidos os grandes crimes, cuja simples ideia causaria horror a todos os que são calmos ou que veem as consequências das coisas. Além disso, todo criminoso que se considera astuto se vangloria de poder escapar à pena que as leis lhe preparam, e que ele vê outros sofrerem.

Os crimes mais dignos de castigos são os que causam mais dano à sociedade. Ao que parece, a morte só deveria caber aos que levam a perversidade ao ponto de derramarem com intenção deliberada o sangue dos concidadãos. Aquele que se familiariza com o assassinato manifesta disposições tão funestas que seria inútil

Etocracia ou o governo fundamentado na moral

alimentar a esperança de poder corrigi-lo. Portanto, que a lei condene à morte esses doentes sem esperança, mas que ela não deixe que eles sejam levados à justiça por meio de tormentos inúteis e revoltantes para a humanidade. Se acreditam dever abalar a imaginação do povo com o espetáculo de um castigo mais memorável, para alguns delitos raros ou notáveis pela sua atrocidade, será que a morte, sem ser efetivamente mais dolorosa para o condenado, não poderia ser acompanhada por um aparato apropriado para intensamente impressionar o espírito dos espectadores espantados com a raridade do suplício? Talvez fosse até mesmo bom que, sem aumentar os tormentos reais da vítima, a lei determinasse variados suplícios de acordo com os diferentes crimes, a fim de que os espíritos fiquem mais fortemente impressionados por algumas circunstâncias às quais os olhos não estão acostumados.[7]

Os criminosos deixados com vida devem expiar seus crimes tornando-se úteis à sociedade. Um desgraçado que é condenado à prisão perpétua não estará perdido para a pátria? Será que ele não estará condenado a um suplício contínuo mais angustiante que a morte? Tantos são os trabalhos imprescindíveis às necessidades, à comodidade e ao bem-estar das nações que, com razão, surpreende o fato de que as leis não façam que essas empreitadas sejam executadas por criminosos, transformados em escravos

---

7 Na Inglaterra, a forca é o suplício de todos os malfeitores. Os ladrões são simplesmente enforcados, os assassinos são enforcados acorrentados, os assassinos mais atrozes são, depois da sua morte, entregues aos cirurgiões para dissecação, o que parece uma coisa terrível para o povo. Seria possível encontrar facilmente meios menos cruéis de fazer os grandes criminosos morrerem de maneira imponente: regicidas, parricidas e envenenadores, por exemplo, poderiam ser esmagados publicamente por um bloco de pedra; ou, então, estrangulados e, em seguida, cortados em pedaços etc.

públicos. Os mais culpados, em razão de seus delitos, poderiam ser empregados nas obras mais penosas e mais perigosas. O trabalho previne os crimes e parece dever ser o seu castigo natural. É a preguiça que, na maioria das vezes, conduz o homem aos delitos. Nada parece menos racional do que as penitenciárias nas quais se encerra, sem ocupá-los, bandos de malfeitores que nada mais fazem além de se perverter cada vez mais e que saem delas para cometerem crimes ainda mais tenebrosos.

Para ter menos crimes para punir, um governo esclarecido deveria, pois, estabelecer, em cada província ou distrito, fábricas públicas, oficinas de trabalho nas quais o pobre sempre encontrasse com o que viver se ocupar. Estradas a serem construídas, rios a se tornarem navegáveis e canais a serem abertos forneceriam aos indigentes ocupações contínuas, serviriam para punir os malfeitores – cuidadosamente separados dos trabalhadores –, purgariam as nações de uma multidão de mendigos e de vagabundos, e indenizariam amplamente o Estado pelas despesas que ele tivesse consagrado a essas construções úteis. Nunca é demais repetir que a ociosidade é a fonte dos vícios para os ricos e a fonte dos crimes para os pobres.

Mas príncipes e ricos injustos fizeram leis quase sempre demasiado favoráveis à opulência e muito duras para com os desgraçados, por conseguinte, raramente encontramos nas leis penais das nações uma justa proporção entre os delitos e as penas. O rico, para assegurar seus bens muitas vezes adquiridos por rapinas, quer que se mate impiedosamente o lacaio quando ele ousa lhe roubar a mínima coisa.[8] Em suma, as leis para todos

---

8 Viu-se, há poucos anos, uma pobre criada condenada a ser enforcada por ter roubado dois guardanapos de seu patrão.

Etocracia ou o governo fundamentado na moral

os países são ditadas bem mais pelo interesse dos poderosos do que pela enormidade do crime.

Por um efeito dessa parcialidade criminosa, as leis cruéis para o pobre são abrandadas ou abolidas em favor dos ricos e dos poderosos, que parecem sempre autorizados a fazer o mal impunemente. O nascimento e a condição social dos culpados os livraria dos suplícios que, por alguns crimes muitas vezes menos tenebrosos, são infligidos aos miseráveis.[9] Um homem que leva um nome célebre pode, em alguns países, assassinar, roubar, desonrar e maltratar os seus concidadãos sem temer o rigor das leis, que só são aplicadas sobre os cidadãos sem reputação e anônimos.

Mais do que isso, o crime parece se enobrecer pelo poder e pela condição daqueles que o cometem. Admiram-se os roubos dos reis sob o nome de conquistas, admiram-se seus assassinatos sob o nome de batalhas. Por consequência das mesmas ideias, acaba-se por não ficar muito chocado com os crimes e os vícios dos poderosos, que supostamente estão muito acima das leis que governam a plebe. Enfim, perdoam-se alguns ladrões públicos pelas fortunas que eles adquirem pelas vias mais oblíquas; imagina-se que eles têm o direito de roubar a partir do

---

9 Todo mundo sabe, na França, que o falecido conde de Charolais (Charles de Bourbon, 1700-1760) se divertia, na juventude, atirando nos operários que reparavam os tetos para ter o prazer de vê-los rolarem pelo telhado. Um antigo rei da Dinamarca, tendo mandado prender alguns bandoleiros e informado de que um deles era seu parente próximo, mandou enforcar todos e erguer para o parente uma forca bem mais alta que as dos outros. Quando o marechal de Villars (Claude Louis Hector de Villar, 1653-1734) ameaçou mandar enforcar um fornecedor de víveres, este lhe respondeu: "Não se enforca um homem que tem cem mil escudos".

momento em que são autorizados a isso pelo tirano, a quem ninguém questiona o direito, nem o poder de despojar seus escravos e de se apoderar de todos os seus bens.

Como consequência desses princípios, poder, força e riquezas tornam legítimas as mesmas ações que fazem que o pobre seja entregue às mãos dos carrascos. As leis que fazem que um ladrão seja enforcado por causa de cinco tostões de jeito nenhum punem um homem de alta posição e não desonram um poderoso que, para contentar sua lubricidade, desonra uma família honesta, ou que, para alimentar sua vaidade, arruína seus credores, reduz alguns comerciantes à mendicância e se torna, sem nenhum perigo para a sua pessoa, o assassino de diversas famílias. Mesmo assim, ele deixa de andar de cabeça erguida, ele se congratula por ter enganado alguns bobos e ri, com seus semelhantes, da ingenuidade deles.

Os crimes dos quais se ri são bem mais perigosos do que aqueles que são escondidos e dos quais se tem vergonha.[10] Nada manifesta mais completa depravação do que homens que, seguros de terem a seu favor diversos cúmplices e apoiadores, zombam e se congratulam por suas infâmias. Esses seres sem pudor são difíceis de corrigir: é apenas por meio de leis severas e de castigos rigorosos que, na falta de poder tocar suas almas empedernidas, é possível ao menos impedir que sua conduta se exiba e afronte com audácia a decência pública. É sempre um grande ganho obrigar o crime a se envergonhar ou a resmungar em segredo contra o poder que o reprime. O braço firme do legislador deve se estender com vigor para fazer baixar as cabeças

---

10 Teofrasto diz que um pecado alegre é bem mais digno de punição do que um pecado triste.

Etocracia ou o governo fundamentado na moral

altivas dos culpados que quiserem resistir a ele. Um monarca deveria colocar à venda os bens de todo cortesão que torne seu credor insolvente.

Se a perversidade dos costumes de uma corte é tão generalizada que o soberano se acha na impossibilidade de castigar com punições rigorosas, ao menos nada poderá impedi-lo de castigar os criminosos mais ilustres, seja retirando deles a sua confiança e o seu favor, seja afastando-os de sua pessoa, seja recusando-lhes as graças que eles poderiam desejar. É assim que um príncipe, armado com um amor firme pelo bem, pode punir os homens depravados dos quais uma corte é, em geral, o local de reunião. Eis como ele a purgará sem dificuldade desses mendigos sempre ávidos dos bens do povo, desses ladrões desaforados, devassos sem pudor e desses jogadores insensatos, dos quais as nações são forçadas a alimentar os vícios, a sustentar a pompa e a pagar pelos crimes.

Quanto mais se examinam as situações, mais nos convencemos de que o luxo das cortes é a fonte mais fecunda das calamidades das quais os povos são vítimas contínuas. É para alimentar a avidez insaciável, a vaidade pueril e a preguiça de alguns cortesãos, pelos quais os príncipes estão cercados, que os povos são forçados a gemer e a trabalhar sem descanso. Semelhantes a esses *vampiros* que a credulidade supunha se saciarem e se nutrirem do fundo de suas tumbas com o sangue dos vivos, as pessoas da corte, *vampiros* mais reais, sem nada fazerem além de infectar as nações, se alimentam dos frutos de sua atividade.

Mas é ainda em vão que os povos banhados de suor trabalham para esses cadáveres inúteis e daninhos. Todos os impostos que o soberano cobra de seus súditos não podem ser suficientes para contentar as necessidades de uma multidão de esfaimados que pleiteiam ao redor do trono. O luxo, que jamais conhece limites, os mantém na miséria, eles nunca têm o suficiente para satisfazer a vaidade e podem se exibir de acordo com sua posição ou seu nascimento. Ele fazem, então, uma pequena guerra contra os seus concidadãos; para satisfazerem algumas fantasias, eles os privam do necessário, pedem empréstimos a todas as mãos, recolhem contribuições dos comerciantes, fazem o artesão trabalhar sem salário. Em suma, esses homens tão nobres, tão altivos e tão poderosos não sentem vergonha de desempenhar o infame papel de escroques e de velhacos; todos os meios lhes parecem honestos para obter dinheiro, que eles rapidamente dissipam em loucuras extravagantes.

É assim que vemos as grandes linhagens, as famílias mais opulentas se endividarem perpetuamente para satisfazerem a pretensa necessidade de ostentar, que a sua vaidade considera um dever indispensável. Todo cortesão quer imitar o seu senhor, todo poderoso se acredita infeliz quando não pode igualar os gastos e a pompa de um outro, todo homem rico quer imitar a corte, e até os cidadãos mais pobres se envergonham da sua pobreza e fazem esforços ruinosos para exibirem as aparências da riqueza.

Tal é, evidentemente, a causa dessas dívidas que vemos se multiplicarem a cada dia no seio da opulência e do luxo. Nas mais ricas nações, vemos prisões lotadas com milhares de cidadãos arruinados, que seus credores impiedosos prendem, às vezes, com laços tão duradouros quanto a vida, colocando-os, com isso, fora de condições de fazerem algo por sua família e pela sociedade.[11] Se remontarmos à fonte da desgraça de

---

11 Assegura-se que, em um ano, na Inglaterra, 20 mil cidadãos são encarcerados por dívidas, levando 20 mil famílias à miséria. A avidez dos

Etocracia ou o governo fundamentado na moral

tantos desafortunados cativos, em geral, descobriremos que ela é devida à tola vaidade de querer sair de sua esfera, a projetos insensatos para enriquecer com muita rapidez e quase sempre mais ainda a alguns vícios vergonhosos que se quis satisfazer. Eis aquilo que multiplica na sociedade os tomadores de empréstimos de má-fé, os devedores insolventes, os credores tantas vezes enganados e os agiotas sempre desprovidos de piedade.

O crédito, tanto público quanto privado, é um mal porque o governo e o cidadão abusam dele. Quantas guerras inúteis e ruinosas teriam sido prevenidas se alguns soberanos imprudentes não tivessem encontrado, seja em seu próprio país ou entre os estrangeiros, a desgraçada facilidade de pedir empréstimos? Um governo esclarecido deveria estabelecer uma lei permanente contra empréstimos. Se a pátria está verdadeiramente em perigo, todos os cidadãos, sobretudo os mais ricos, devem fazer esforços para tirá-la do perigo pelo qual ela está sendo ameaçada. O crédito público era uma coisa desconhecida nas nações mais poderosas da Antiguidade, pois elas tinham um tesouro destinado a socorrer o Estado nas suas necessidades imprevistas ou urgentes. As damas romanas atiravam suas joias preciosas aos pés dos senadores quando a salvação da República estava em questão. Entre os povos modernos nada é previsto, não existe nenhum tesouro nacional. Além disso, as exageradas despesas dos príncipes e a rapacidade dos cortesãos logo o teriam esgotado. Para fazer frente a essas despesas que o luxo torna imensas e cotidianas, os povos são esmagados por impostos. Como esses

---

comerciantes é quase sempre a causa de que eles sejam tolos e enganados. Será que eles não merecem perder quando, sem exame, dão crédito a estrangeiros, desconhecidos, jovens ou meretrizes?

Barão de Holbach

impostos não podem ser aumentados consideravelmente em tempo de guerra, o Estado recorre a empréstimos, tanto maiores quanto maior é seu crédito. Esses empréstimos são impostos reais que recaem sobre o povo, forçado a pagar todos os anos os juros da quantia obtida pelo governo. Assim, as nações mais opulentas se acham pouco a pouco sobrecarregadas por dívidas que elas jamais pagarão.[12] Guerras inúteis e frequentes, promovidas pelos motivos mais levianos, as impedem de se libertar; o luxo das cortes, bem longe de diminuir, aumenta a cada dia; as províncias exauridas não podem mais suprir as necessidades de um governo insaciável e sempre na penúria. Acostumado à prodigalidade, o soberano não quer recorrer a uma sábia economia, muito contrária aos interesses da sua corte. As despesas inúteis continuam, as úteis e necessárias são suprimidas. Alguns ministros, subservientes aos injustos desígnios dos cortesãos, sacrificam o dever sagrado de pagar as dívidas do Estado à necessidade de contentar as fantasias ruinosas do príncipe e daqueles que o cercam. Por sua complacência, eles desonram o governo com infames bancarrotas, tão nocivas ao crédito público quanto à fortuna dos cidadãos. Enfim, essas dívidas acumuladas impedem o soberano mais bem-intencionado de dar qualquer alívio a seus súditos.

Tal é o modo de agir dos governos modernos, que, em meio às nações mais ricas, eles se encontram na penúria e estão a

---

12 Dizem que, atualmente, a dívida nacional da Inglaterra subiu para 140 milhões de libras esterlinas. Para pagar os juros dessa enorme dívida, os cidadãos, sobrecarregados de taxas, leis proibitivas e opressões fiscais, acabam por não desfrutar de nenhuma das vantagens da liberdade, a não ser a de escreverem e reclamarem contra um ministério e um parlamento venais, que continuam suas atividades normalmente.

Etocracia ou o governo fundamentado na moral

todo instante reduzidos a expedientes ruinosos. Daí as usuras da finança, cujos asseclas, senhores de todo o dinheiro, senhores do crédito público, tornam-se homens tão necessários que algumas vezes são considerados como as *colunas do Estado*, que são entregues a sua rapacidade. Os asseclas, por meio de suas muitas e engenhosas extorsões, conseguem arruinar a agricultura, o comércio e a indústria, e entregam ao soberano, depois de terem engordado à custa do povo, campos abandonados, lavradores desencorajados, comerciantes arruinados e cidades sem bons costumes.

Com efeito, os empréstimos tomados pelo Estado enchem as capitais e as cidades opulentas com uma multidão de inúteis e desocupados que vivem de renda, cuja única ocupação é o prazer, que consomem os frutos da terra e que quase sempre se entregam a alguns vícios perigosos. As cidades estão cheias de maus cidadãos que, sem fazerem nada em prol da sociedade, desfrutam na inércia, no jogo, na devassidão e no luxo das rendas que lhes são proporcionadas pelas necessidades do Estado. Eles abandonam suas províncias – nas quais deveriam viver – e seu patrimônio – do qual deveriam honestamente se ocupar – para tomarem parte nos divertimentos e nas desordens das grandes cidades, onde reina comumente uma depravação contagiosa da qual os campos estão preservados.[13]

---

13 As rendas vitalícias, que seduzem muitas pessoas pelos grandes juros que proporcionam, são contrárias ao bem público porque elas incentivam o celibato, tornam um homem isolado, fraudam os parentes colaterais, quebram os laços de parentesco e favorecem os vícios do celibatário, que não pensa no que poderá acontecer com a sua família ou com a sua pátria depois que ele morrer.

Assim como todo homem sábio, um governo sensato não deve ultrapassar os limites de suas capacidades. A vaidade se torna tão ruinosa para as nações quanto para cada um dos cidadãos. As guerras não devem ser promovidas a não ser quando o bem-estar e a segurança do Estado estão visivelmente em perigo. As guerras comerciais, por meio das quais um povo se propõe a aumentar a riqueza nacional, são empreendimentos insensatos. Começa-se por se arruinar na esperança incerta de enriquecer e de fazer dívidas que nunca serão pagas. Toda nação opulenta que deseja ainda mais riquezas está buscando redobrar as causas de sua própria destruição.

Já mostramos que um governo sábio deve evitar inspirar nos súditos a paixão pelo dinheiro, que acaba por ser tão generalizada e forte que nada pode domá-la ou saciá-la, e que torna quase todos os cidadãos patifes, porque quase todos estão descontentes com a sua sorte. Assim, longe de facilitar os empréstimos, o legislador deve demover seus súditos de recorrerem a eles, deve ensiná-los a viverem frugalmente, a limitarem seus desejos e a não se entregarem a empresas que estejam acima de suas forças para pagá-las. Com isso, se veria muito menos credores ávidos se tornarem vítimas de tantas pessoas estouvadas ou desonestas, que, depois de terem desorganizado os próprios negócios, abusam indignamente da confiança alheia.

Dizem que o comércio não pode se fazer sem crédito; reconhecemos isso sem dificuldade. Porém, observemos que, mesmo nas especulações do comércio, aquele que, por meio de empreendimentos duvidosos, arrisca o bem alheio para enriquecer mais rapidamente — assim como aquele que pega empréstimos mais do que tem no mundo — é um homem ávido, pouco escrupuloso em seus princípios e que merece ser punido por

Etocracia ou o governo fundamentado na moral

imprudência. Um insensato arrisca o que lhe pertence, mas é injusto arriscar o bem dos outros. Se alguns comerciantes considerarem essas máximas ao pé da letra, seríamos forçados a crer que a sua maneira de fazer o comércio não está em conformidade com as regras da moral sadia, cujas leis jamais deveriam ser esquecidas. É difícil que a moral da cupidez, do interesse sórdido, da avareza e da paixão por enriquecer se compatibilize com a moral severa da justiça inflexível. Os legisladores das nações mercantis têm quase sempre uma moral muito frouxa.[14]

É preferível que um Estado tenha bons costumes do que um comércio imenso e riquezas iníquas. Assim, as leis deveriam punir severamente os comerciantes imprudentes ou de má-fé que põem em risco o bem alheio. A imprudência se torna um crime punível a partir do momento em que viola a justiça que cada um deve aos demais homens.

O soberano, sobretudo, deve impor obstáculo às injustiças tão comuns dos poderosos, que não comercializam. Na verdade, seus empréstimos têm como único objetivo o fausto, algumas inutilidades, coisas das quais todo homem sensato pode facilmente abrir mão quando não tem os meios de se satisfazer. Assim, o crédito não deve ser concedido para eles, e, com isso, o soberano os preserva de suas fantasias pueris, às quais quase sempre os vemos sacrificarem o útil e o necessário. É dessa forma que os poderosos, para contentarem alguns gostos frívolos e passageiros, ou mesmo alguns vícios vergonhosos, comprometem bens sólidos, se arruínam e deixam uma posteridade

---

14 Para prover as necessidades da pobreza laboriosa e lhe fornecer meios de subsistir sem recorrer aos agiotas, seria útil estabelecer, como em muitos países, casas de penhores e montepios, nos quais, com uma caução, se empresta dinheiro com um juro módico.

que, para se sustentar com esplendor, se torna uma carga para o Estado, muito frequentemente obrigado a reparar as tolices de seus ancestrais.

Portanto, o governo deve impedir que as famílias poderosas se arruínem. Por outro lado, como deve fornecer justiça a todos, para prevenir os empréstimos fraudulentos e os processos que podem ocasionar, o legislador deve abrir aos seus súditos alguns cartórios públicos, nos quais cada cidadão possa registrar os seus bens designados juridicamente, prevenindo a fraude do lado do devedor e proporcionando segurança ao credor.

Sob qualquer ponto de vista, constatamos que o governo tem o maior interesse em conservar a boa-fé – vínculo de toda a sociedade –, forçar todos os cidadãos a serem justos e prevenir as iniquidades e os crimes, para não ter de puni-los.

XIII
Da legislação moral contra os vícios e as desordens da sociedade

Por falta de perceberem a importância de prevenir e de punir os crimes, se os soberanos não se preocupam em reprimi-los, eles também parecem muito mais vezes mostrar uma perigosa indulgência para com os vícios que vemos imperar na sociedade. Todo vício é uma injustiça que perturba a ordem social em maior ou menor grau, por isso, todas as desordens que a moral condena deveriam ser reprimidas com certo zelo por uma legislação vigilante. Os crimes prejudicam diretamente a sociedade; os vícios lhe causam dano indiretamente, a solapam pouco a pouco e produzem quase sempre tantos males quanto os delitos.

Tudo o que precede deve ter nos convencido dessa triste verdade. Será que a vaidade, esse vício das almas pequenas, não produz os efeitos mais terríveis nas nações? Será que ela não separa os interesses de todas as ordens do Estado? Será que essa divisão fatal não constitui a única força da tirania, que é a fonte envenenada de todos os males e crimes? Será que a vaidade do homem faustoso não faz de um cortesão uma pessoa pronta a cometer as injustiças mais atrozes para satisfazer a paixão pueril que ele concebeu por algumas ninharias? Enfim, não será essa vaidade, verdadeiramente infantil, que faz eclodir o luxo, esse mal contagioso que se viu em todos os tempos aniquilar os bons costumes, banir todas as virtudes, subverter os impérios?

Ocorre o mesmo com todos os outros vícios e com algumas disposições habituais que tornam os homens, em maior ou menor grau, incômodos a seus semelhantes. A cólera transforma quem ela cega em um tigre sempre pronto a se lançar sobre os que estão em seu caminho. A vingança faz do homem uma serpente adormecida cujo veneno é mortal. A mentira perverte o uso da língua e bane a boa-fé das relações da vida. A calúnia produz males muitas vezes tão terríveis quanto o homicídio e os assassinatos. Será que a ingratidão, esse vício atroz, tão apropriado para banir a benevolência e a piedade do coração dos homens, não deveria ser publicamente estigmatizada, para fazer os ingratos tremerem? Eles são inimigos públicos, que todo cidadão deveria ter direito de acusar e que as leis deveriam cobrir de ignomínia. Será que o avaro desumano, que se recusa a socorrer seu semelhante, desvia seu olhar do homem que vê sofrer, é feito para viver em sociedade? Enfim, será que um governo atento não deveria reprimir com força a intemperança, tão comum no povo e que tantas vezes é a causa da sua perda?

Resumidamente, em uma sociedade com boas regras, todos os vícios deveriam ser punidos na proporção do mal que produzem. Talvez a vigilância do governo fosse adequadamente aliviada por um tribunal composto por magistrados eminentes por sua probidade, perante os quais seria permitido que qualquer cidadão se queixasse em voz alta, e não por meio de uma delação secreta feita por alguém que, por ações ou palavras, tivesse

Etocracia ou o governo fundamentado na moral

sido ferido. Então, uma justa censura vingaria a parte lesada segundo a gravidade dos casos, seja por meio de reprimendas ou censuras, seja por privação de cargos etc. Além disso, todo delator calunioso seria com rigor entregue à severidade das leis.

A censura foi por muito tempo, entre os romanos, uma barreira poderosa contra o luxo e a corrupção dos costumes. Como é possível os povos modernos, que tomaram emprestadas tantas regras desses famosos legisladores, não terem adotado a mais sábia das suas instituições? Será que há um freio mais poderoso que o temor de ser exposto à reprimenda ou à censura de um tribunal íntegro, que designaria ao soberano os súditos que, por sua conduta, sejam dignos da sua confiança, assim como aqueles que fossem pouco aptos a exercer, no governo, uma porção de sua autoridade?[1]

Mesmo os príncipes mais virtuosos e bem-intencionados não podem estender seu olhar sobre todos os cidadãos pelos quais uma sociedade numerosa é composta, só podem observar os que estão próximos, porém, que estão perpetuamente ocupados em enganá-los. A voz pública dificilmente engana, ela não pode ser corrompida nem dominada. Os costumes de um homem permitem conhecê-lo melhor do que seus discursos. Enfim, se o perverso, se o homem sem bons costumes, procuram se perder na multidão ou temem o exame, o cidadão inocente e virtuoso não tem nenhuma vergonha de ser conhecido. Diz um antigo que *a verdade só tem vergonha de estar oculta*, ela não teme a censura.

---

1 Os atenienses tinham censores, os *nomophylaces* ou conservadores das leis, perante os quais os magistrados eram obrigados a comparecer para prestar contas de sua gestão. Segundo as leis de Sólon, todo magistrado conspurcado por devassidão e libertinagem era vergonhosamente despojado do cargo.

Então, nada é mais importante para o príncipe do que estar bem assegurado da probidade dos que ele põe em ação, e nada é mais importante para os súditos do que serem dirigidos por homens cuja conduta seja pura e sem recriminações.

Seja como for, os homens, quase sempre privados de experiência e de razão, não passam de crianças perpetuamente arrastadas por alguns vícios, paixões e gostos que uma administração paternal deveria corrigir cuidadosamente. A atividade, como tudo comprova, é necessária à vida da sociedade; a inércia e a preguiça não tardam a produzir nela uma corrupção funesta. Todo homem que não faz nada é um homem perigoso. A ociosidade dos cortesãos é a verdadeira causa da sua perversidade, porque é impossível chamar de ocupação essa atividade fatal, essa agitação contínua, esses movimentos inquietos produzidos pela ociosidade; os maus muitas vezes se distinguem dos bons por essa espécie de atividade, o que faz Plínio dizer que *os bons têm muito menos energia e força que os maus*.[2] A verdadeira atividade é aquela que nos torna úteis aos nossos semelhantes. É isso o que a sociedade deve exigir de seus membros.

A maior preocupação de todo bom governo deveria ser, portanto, ocupar os homens, fazê-los perceber que não estão destinados a desfrutar, sem fazer nenhum trabalho ou benefício, das vantagens que a sociedade proporciona, que eles devem prestar contas ao Estado de como estão empregando seu tempo. Nada é mais sábio que a lei do Egito que exigia que todo cidadão comparecesse anualmente perante o magistrado, para informar-lhe quais eram suas ocupações. O Código de Drácon condenava à morte os ociosos, e as leis de Sólon os desonravam com a infâmia.

---

2 Plínio, *Cartas*, livro IV, epístola 7.

Etocracia ou o governo fundamentado na moral

A lei do Egito, mais moderada, deveria sobretudo vigorar nas cidades opulentas e povoadas, que, pelos prazeres que apresentam, pelo vasto campo que abrem para os vícios e pelos meios que oferecem para disfarçar a sua conduta, tornam-se normalmente pontos de encontro para os desocupados de uma nação e refúgios para os homens mais perversos, que acorrem de todos os lados para exercerem na multidão os seus funestos talentos. É por isso que as capitais são em geral lugares onde se respira um ar fatal para a inocência, ela se acha permanentemente exposta a se corromper ou a cair nas ciladas que a maldade está sempre pronta a lhe armar. O esbanjamento contínuo, a embriaguez habitual dos prazeres e a necessidade de se divertir incessantemente tornam os homens levianos e os impedem de conhecer a fundo até as pessoas com quem mais convivem, eles lhes pedem apenas que lhes proporcionem alguns divertimentos passageiros, mas quase sempre não se deve confiar num homem agradável.

O tédio ou a pobreza sempre acompanham a ociosidade, que, por sua vez, produz os tolos e os patifes. É o que se vê sobretudo no jogo, transformado em quase todos os lugares no recurso ordinário dos incontáveis ociosos que fazem parte das sociedades cujos membros são incapazes de pensar ou de conversar agradavelmente. No entanto, esse divertimento, tão pouco adequado para ocupar uma porção enorme da vida, seria perdoável se não fosse visto como uma ocupação louvável e digna de pessoas honestas, se não degenerasse em um hábito mecânico, enfim, se quase sempre a avareza não o transformasse em um furor capaz de produzir as mais terríveis devastações.

Um moralista eloquente e virtuoso, em uma obra cheia de espírito, acaba de descrever os desgraçados efeitos do jogo com cores tão fortes e comovedoras que não se pode acrescentar nada aos traços assustadores com os quais ele representa essa paixão furiosa.[3] Dizem que "o jogo é uma inversão de toda a decência, em que o príncipe se esquece de sua dignidade e a mulher de seu pudor. O jogo pesado contém todos os defeitos da sociedade, todos estão de acordo, em certos momentos, para se arruinarem e se odiarem".[4] Também poderia acrescentar que o jogo serve para destruir os encantos e a saúde da mulher, porque possuída pela paixão pelo jogo dedica a ele suas noites de vigília; a coquete mais sedutora nos mostra, às vezes, apenas as feições de uma megera, quando o semblante foi torturado pelas paixões súbitas, e multiplicadas pela cupidez, saciada ou frustrada, produzida em seu rosto. Uma mesa de jogo seria, portanto, o lugar em que os filhos esquecidos devam procurar sua mãe? Será que é em volta desse fatal pano verde que encontrarão um pai ocupado com a felicidade da sua família? Enfim, será em um verdadeiro antro que teremos a esperança de encontrar um homem de bem, um cidadão sensato?

---

3 Cf. Jean Dusaulx, *Carta sobre o furor do jogo*, 1775. Senhor Dusaulx foi membro da Royal Academy of Inscriptions and Belles Letters.

4 Cf. Marquise de Lambert. *La vraie gloire d'être homme ou les Avis d'une mère à son fils.* Uma máxima, inventada sem dúvida por jogadores, diz que *o jogo, como o amor, torna os homens iguais.* Em conformidade com esse princípio, temos visto algumas vezes príncipes, e até mesmo reis, se misturarem com patifes. O abade de Saint-Pierre observa que foi apenas em 1648 que se começou a jogar cartas na corte da França: "Foi o cardeal Mazarino, um grande jogador, que introduziu esse método de perder seu tempo e seu dinheiro". Cf. Charles-Irénée Castel de Saint-Pierre. *Les reves d'un homme de bien qui peuvent être realises, ou Les vues utiles et pratiquables*, p.28.

Etocracia ou o governo fundamentado na moral

Porém, as razões mais fortes e as representações mais comoventes não têm nenhum poder sobre almas endurecidas pela avareza ou sobre corações gastos que, para serem abalados, têm necessidade de sensações rápidas e diversas fornecidas pela cupidez continuamente agitada pela esperança e pelo temor. Com efeito, o jogo pesado não é uma diversão, é um exercício violento. Os jogadores não encontram nenhum prazer no jogo quando não têm esperança de que ele lhes resulte muito dinheiro. Os jogadores necessitam de somas consideráveis para despertar suas almas embotadas, têm necessidade de arruinar seus amigos para conseguirem um sono doce e tranquilo.

Portanto, cabe à legislação tornar as lições da moral mais eficazes. Por que as leis, com base nas queixas de uma família, não tratariam um jogador da mesma maneira severa e desonrosa com que tratam um frenético ou um insensato? Será que a lei não deveria retirar de todo pai de família o poder de arruinar sua mulher e seus filhos? Por que não marcar com a infâmia ou condenar a trabalhos úteis os jogadores profissionais que encontram sua subsistência nas armadilhas que montam para uma juventude imprudente? Será que um governo justo não deveria fazer que sua indignação fosse sentida nessas casas, onde pretensos amigos se reúnem com o intuito deliberado de se afligirem uns aos outros, de arrancarem a fortuna uns dos outros?

O que diremos da conduta atroz de alguns poderosos que, a despeito das leis impostas ao público, dão em seus próprios palácios um asilo para os jogadores e fornecem à nobreza frenética a oportunidade de se arruinar em liberdade? Que estranha polícia é essa que, por uma vergonhosa retribuição, tolera publicamente algumas *casas de jogo*, destinadas a se tornarem pontos de encontro de todos os ociosos, frenéticos e patifes de uma cidade!⁵ Até quando serão chamadas de *dívidas de honra* as contraídas no jogo, quando, pouco contente em anulá-las, a lei deveria infamar ou castigar o ganhador e o perdedor, quando o soberano deveria ao menos excluir da sua presença qualquer um que tivesse ousado transgredir as leis feitas para todos os cidadãos?

No entanto, a violação das leis e dos preceitos mais sagrados da moral parece ser, em toda parte, um direito inerente à nobreza e ao poder. As leis e a virtude só exercerão seu império sobre os homens quando os soberanos virtuosos as adotarem como regras para eles mesmos e fizerem que elas reinem sobre todos os súditos, sem distinção de posição social ou nascimento.

Será que os soberanos consultaram adequadamente os interesses dos costumes do cidadão ao estabelecer os jogos públicos conhecidos como *loterias*, por meio dos quais os governos parecem montar contínuas armadilhas à avidez dos súditos? Será que é incentivando a cobiça dos homens que eles se tornarão melhores? O jogo, muito desigual, que as loterias promovem entre o Estado e os particulares estará em conformidade com as regras da equidade? Devem a sabedoria e a probidade dos soberanos resolver as dificuldades. Por enquanto, parece que as loterias constituem um imposto, às vezes muito pesado, cobrado às vítimas voluntárias que se privam de suas necessidades básicas,

---

5 A República de Veneza por muito tempo permitiu, em benefício próprio, alguns jogos de azar, que se realizavam no Palácio de São Marcos, sob os olhares de um senador. Essa prática vergonhosa foi finalmente abolida há pouco tempo. Ainda se recorda, em Paris, dos hotéis de Soissons e de Gesvres, nos quais a juventude se arruinava livremente. Assegura-se que a capital da França ainda contém um imenso número de casas de jogo autorizadas pela polícia, que divide os lucros com seus administradores. Há todos os motivos para crer que tais abusos serão abolidos no virtuoso reinado de Luís XVI.

Etocracia ou o governo fundamentado na moral

seduzidas por algumas esperanças que raramente se concretizam. A experiência prova que os atrativos apresentados aos súditos atuam sobretudo sobre os espíritos ingênuos, e perturbam as pessoas do povo, os criados e os mais pobres, que, consternados com suas perdas, às vezes se recuperam apenas por meios criminosos que podem levá-los a graves castigos.

O governo jamais deveria se permitir até mesmo as aparências da má-fé. Se ele quer formar cidadãos honestos, sua conduta deve ser sempre franca e pura, e se mostrar isenta de injustiça e de fraude. Um Estado deve ser muito lastimado quando, endividado por longas faltas, é forçado a aceitar alguns abusos que a equidade condena e jamais teria permitido.

Se os costumes devem interessar todo governo esclarecido, este não pode omitir nenhum esforço para conservá-los puros e para opor fortes obstáculos às desordens capazes de corrompê-los. Assim, todo legislador verdadeiramente sábio, longe de se prestar ao delírio que impera nas nações depravadas, longe de ouvir as máximas perigosas que nelas estão em voga, combaterá com toda a sua força a devassidão e os vícios contrários à castidade. Os vícios são tão tenazes que parecem inerentes à natureza humana, mas a lei, sempre guiada pela razão, deve prestar auxílios aos cidadãos e ajudá-los a vencer uma natureza bruta sujeita a se extraviar, para seguirem apenas uma natureza regrada, em conformidade com os interesses da vida social.

Como os crimes contra o pudor são envolvidos em geral pelas sombras do mistério, o governo, longe de se utilizar de meios odiosos e tirânicos, nunca deve desvelá-los, nem mesmo fazer esforços para encontrar culpados que se escondem de seus olhos. Porém, deve punir o vício atrevido quando este se mostra insolentemente em público, porque, então, seu exemplo se torna muito perigoso. Uma polícia bem regulada jamais tolerará a impudência audaciosa dessa Frineia,[6] que vem se exibir à vista de todos e mostrar as riquezas escandalosas acumuladas por meio do tráfico de seus encantos. Será que algumas cortesãs assim ataviadas não parecem convidar todas as moças pobres a imitá-las em desordens tão ricamente recompensadas? No entanto, essas sereias sedutoras não devem levar a perturbação aos corações de uma juventude estouvada, cujas paixões é muito importante conter.

Será que a lei não deveria fazer alguma coisa em prol de tantas mulheres honestas, cujos esposos infiéis levam para a casa de vis prostitutas o tributo e as homenagens que são devidos ao laço conjugal? Será que o legislador não deve resguardar os interesses de uma família abandonada por um pai que a arruinou para enriquecer algumas mulheres perdidas? Será que pais de família, inebriados por um amor louco, não deveriam ser incluídos no rol dos insensatos? Por que não manchar com a infâmia esses covardes que, acusando a si mesmos, se vangloriam em altos brados das vitórias vergonhosas que conseguiram obter? Quanto aos caluniadores que se comprazem em difamar sem motivo as mulheres mais honestas, será que a lei não deveria tratá-los com ainda mais rigor? Será que o braço do legislador não poderia se abater com muito mais peso sobre os corruptores da juventude e forçá-los, ao menos, a repararem por todos os meios o dano que, ao seduzirem a inocência, causaram à honra de toda uma família?[7]

---

6 Frineia foi uma das mais célebres cortesãs gregas que viveu no século IV a. C. (N. T.)

7 Aristóteles queria que o legislador banisse da sociedade quem fizesse discursos obscenos, porque, diz ele, *da liberdade de dizer se segue a liberdade*

Etocracia ou o governo fundamentado na moral

No entanto, em muitas nações, as leis não se preocupam em punir esses crimes! Essas são as atrocidades que alguns homens, acostumados a vê-las cotidianamente, ousam tratar como ninharias! O soberano esclarecido não as verá da mesma maneira que um imbecil que ri com estupidez de tantos excessos deploráveis. O soberano verá no adultério a dissolução completa do laço mais sagrado das famílias, verá no sedutor um monstro que leva a destruição e a infâmia para a casa dos cidadãos, verá, quase sempre, no homem que tem sorte com as mulheres, apenas um covarde caluniador, verá no devasso agradável, no homem de prazeres e no presunçoso inconstante e leviano seres ineptos e desprezíveis, que, por seu temperamento, devem ser afastados dos negócios e de todos os cargos importantes – que sempre exigem razão, costumes honestos e sérios, luzes, exatidão e atenção escrupulosa e contínua. Seria inútil procurar essas qualidades em homens cuja cabeça só está cheia de intrigas, galanterias, enfeites e objetos fúteis dos quais é necessário se ocupar quando deseja agradar as mulheres coquetes ou dissolutas. Estas últimas, por sua fatal influência em um Estado, só servem para levar a um povo sua vaidade, seus caprichos, suas modas, seus gostos infantis e frívolos e sua paixão desenfreada pelo luxo e pelo prazer, que termina na mais completa dissolução dos costumes. As mulheres dessa espécie são crianças que se comprazem em tudo destruir, especialmente quando se veem

---

de fazer coisas vergonhosas (cf. Aristóteles, *Política*, livro VIII, cap.17). Pelas leis de Rômulo, todo homem que dizia obscenidades na presença de mulheres era punido como um homicida.

donas da casa.[8] Os homens entregues às mulheres e governados por elas não são adequados para governar Estados.

A ociosidade contínua na qual se acham imersos os poderosos, ricos e habitantes das cortes e das cidades é, evidentemente, a causa da galanteria, das paixões amorosas e das desordens que vemos reinarem no mundo.[9] Se os homens estivessem utilmente ocupados, protegidos do tédio, não teriam necessidade de sair de si mesmos, de fugirem de si, de frequentarem os outros. As visitas ociosas seriam mais raras; os pais de família cuidariam de seus negócios; as mulheres, entregues aos afazeres domésticos, fiéis às funções que a natureza lhes designa, não ficariam permanentemente dispersas fora de casa, onde tudo parece conspirar contra seus costumes e sua tranquilidade. Tantas afeições passageiras, tantas paixões efêmeras são evidentemente consequências da familiaridade estabelecida entre os dois sexos por uma convivência contínua. A inconstância é o efeito natural das ligações que não têm a estima e a virtude como base, além do mais, o fastio acompanha os prazeres demasiado fáceis, as

---

8 Ulrik Huber [jurista holandês, 1636-1694], em seu tratado *De jure civitatis*, observa que não existe nenhuma nação que tenha sofrido mais males com o governo das mulheres que a francesa, apesar do cuidado que a França tomou de excluir as mulheres da coroa (cf. Pierre Bayle, *Nouvelles de la République*, t.II, p.703). A influência feminina é confirmada por alguns exemplos antigos e modernos. É a essa *ginocracia*, ou a esse império feminino que a França parece dever seu gosto dominante pelas frivolidades, gosto fatal que, se os governos não lhe impuserem entraves, dominará pouco a pouco toda a Europa e nela estabelecerá a *monarquia universal*, não do poder, mas do luxo e das modas.

9 "Otia si tollas, periere Cupidinis arcus" ("Eliminem a ociosidade e o arco do deus do amor se verá quebrado"). Ovídio, *Remédios contra o amor*. Lisboa: Cotovia, 2015.

pessoas podem e querem variá-los em uma sociedade que a todo momento oferece novos objetos.

O abuso da sociabilidade é fonte de aborrecimentos e de incômodos dos quais nos eximiríamos se a usássemos com mais sobriedade. Não é possível se separar dos humanos, mas não é preciso vê-los em demasia. Como diz Arriano, *se lançar na multidão é como entrar em um combate*. As mulheres, que a natureza tornou frágeis e sensíveis, têm de lutar incessantemente contra agressores audaciosos; a vaidade provoca o desejo contínuo de imitar, se igualar e ultrapassar, o que faz nascer o luxo, o fausto, a ostentação e os prazeres da mesa. Rapidamente todas essas coisas não afetam mais com bastante intensidade os que estão acostumados com elas. Então, vem a fadiga, o tédio; já não se pode amar, nem estimar, nem abrir mão uns dos outros. Eis a vida das pessoas mundanas: em geral, não passa de uma longa cadeia de tédios e vícios, entremeada de pouquíssimos prazeres verdadeiros.

No entanto, alguns homens viciosos e desocupados fazem esforços contínuos para saírem do estado de apatia no qual o tédio torna a mergulhá-los a todo momento. Daí as festas ruinosas que os príncipes se acham obrigados a oferecer à custa de seu povo, seja para escaparem do tédio no qual os atira a sua fatal indolência, seja para suspenderem por alguns instantes os aborrecimentos dos cortesãos desocupados pelos quais estão rodeados. Daí esses bailes, esses espetáculos pomposos, essas pretensas festividades públicas, que custam as lágrimas e os suores da pobreza laboriosa. *Será que tu acreditas, pois, que nasceste apenas para te divertir?*, teria dito um Marco Aurélio a esse bando ocioso e corrompido que exige prazeres contínuos. Será que um bom rei não deveria dizer aos seus cortesãos desocupados "Vão para seus campos reanimarem os trabalhos, ocupem-se de fazer o bem ao meu povo e vocês jamais ficarão expostos ao tédio"?[10]

Nas nações opulentas e depravadas, o governo acredita seriamente estar obrigado a entreter uma população de ociosos, para quem o prazer se tornou o único assunto importante, e sempre fiel em seguir o exemplo da corte, a capital acredita ser infeliz se não desfrutar das mesmas vantagens. Os espetáculos contínuos e variados se tornam uma necessidade indispensável para o cidadão opulento, que nunca sabe ocupar seu tempo ocioso. Sem demora, essa necessidade se faz sentir nas classes inferiores: o artesão quer espetáculos; ele deixa a sua oficina, a sua loja, para entreter seus olhos; não se preocupa em conseguir o pão para a família; enfastiado com o trabalho e desejando os prazeres dos ricos, ele os imita nos vícios, que os próprios espetáculos servem, em geral, para nutrir nos corações. Não devemos nos enganar que os espetáculos que são apresentados quase sempre aos povos não são nem um pouco instrutivos, só servem para desenvolver nas almas algumas paixões que, para o bem da sociedade, deveriam ser ignoradas ou cuidadosamente sufocadas. Que instrução real o habitante de Paris ou de Londres pode obter com a representação patética das desgraças, das paixões e dos furores de um herói mitológico ou de um poderoso de Roma ou de Atenas, ou de alguma princesa inebriada por uma louca paixão? O que o jovem pode aprender na maioria das comédias, a não ser alguns

---

10 Gazetas e jornais públicos estão continuamente ocupados em informar o universo sobre banquetes, bailes e festividades públicas dispendiosas que os príncipes oferecem à corte. Não seria mais honroso para esses príncipes e mais consolador para a humanidade que fossem anunciados com mais frequência os seus atos de beneficência do que as suas despesas tresloucadas e insultantes para os povos desgraçados?

Etocracia ou o governo fundamentado na moral

estratagemas engenhosos para enganar um pai, tutor, velho ou rival, a fim de se apossar de uma amante? Pouquíssimos dramas têm objetivo verdadeiramente moral. A tragédia, pomposa no tom e gigantesca nos sentimentos, entretém o cidadão apenas com feitos romanescos que só provocam algumas emoções passageiras, pouco adequadas para desenvolver a sensibilidade da qual ele teria necessidade em suas relações.[11] A comédia só ensina às mulheres o poder dos seus encantos, os meios de conquistar e as astúcias apropriadas para enganar a vigilância dos pais ou dos maridos para obter o amante que elas escolheram. Por menos que se tenha ideias justas sobre a moral e a virtude, será difícil considerar o teatro, entre os modernos, como uma escola de bons costumes para a juventude, ou como um meio capaz de incentivar os cidadãos a praticarem seus deveres. Depois de terem chorado com as desgraças de Hipólita, de Andrômaca, de Ifigênia, entre outras, será que o cortesão e o cobrador de impostos estarão mais dispostos a se comoverem com os sofrimentos dos concidadãos desgraçados? Será que, ao sair de uma representação da *Escola de mulheres*, uma mulher estará mais consciente daquilo que ela deve a seu marido? Um bom governo deveria atuar de forma para que o teatro se torne mais moral e instrutivo para a sociedade, deveria, sobretudo, impedir que o vício fosse apresentado com feições sedutoras, e a virtude mostrada com traços ridículos.

---

11 Essa crítica não pode recair sobre a maioria das tragédias de Voltaire, nas quais encontramos uma finalidade moral que se percebe sobretudo em *Maomé*, *Alzira*, entre outras, nem sobre dramas como *O pai de família* (Denis Diderot) e *Melânia* (Jean-François de La Harpe). Sobre esse tema, diversas ideias sãs difundidas na obra moderna de Louis-Sébastien Mercier, *Du theatre, ou Nouvel essai sur l'art dramatique*, Amsterdam, in-8°, 1773.

Barão de Holbach

Seria inútil esperar frutos proveitosos para os costumes desse teatro corruptor, no qual os cantos harmoniosos das sereias se unem às danças das ninfas para atacarem todos os sentidos ao mesmo tempo. Tal teatro parece se propor abertamente a incitar os cidadãos à volúpia, a convidá-los aos prazeres do amor, a incentivá-los à devassidão. As máximas que são preconizadas e o próprio ar que se respira nessa morada das ilusões, tudo acende paixões perigosas no coração da juventude, tudo serve para alimentá-las até na velhice. Nos palcos mágicos da *Ópera*, as sacerdotisas da volúpia vêm despertar os desejos de uma multidão insensata, que logo lhes sacrificará a sua fortuna e a sua saúde. É a esse espetáculo instrutivo, que faz as delícias de uma nação frívola, que se tem visto os governos concederem a mais ostentosa proteção.[12]

Queixam-se dos rigores da religião porque ela condena os espetáculos teatrais e os proíbe a seus discípulos. Seus preceitos estão, assim, em conformidade com os da moral natural, que ordena a todo homem sensato que evite os perigos e que não atice em seu coração paixões que podem ser funestas para

---

12 Eis aqui como se exprime, acerca da Ópera de Paris, um relatório da *Compilação* H, p.224: "Sabe- que o Teatro da Ópera não conhece a menoridade. As atrizes desfrutam de emancipação plena, livres de qualquer poder paterno, são as árbitras soberanas das suas graças e daquilo que ganham nessa militância de prazer, elas estão protegidas até mesmo das investigações dos espiões da polícia". Ou seja, esse estabelecimento pode, sem injustiça, ser considerado como lugar de devassidão, onde a juventude se corrompe impunemente. Se, em tempos lamentáveis, o governo se prestou a uma semelhante licenciosidade, será que os pais de família honestos não terão motivos para esperar que esse refúgio da prostituição seja eliminado, ou, pelo menos, que não seja mais abertamente protegido?

Etocracia ou o governo fundamentado na moral

ele. Essas paixões devem, sobretudo, ser temidas por algumas almas muito novas, a quem o vício se mostra acompanhado de atrativos tão poderosos contra os quais elas não têm força para se defender. Que censuras não devem ser feitas a pais imprudentes que, desde a mais tenra idade, acostumam seus filhos a se aproximarem com prazer de uma taça que, talvez, os envenenará para o resto da vida?

Não censuremos também, levianamente, algumas práticas ou leis que vinculam uma ideia infamante à profissão dos que se dedicam aos espetáculos. É, sem dúvida, inconsequente oferecer às nações alguns prazeres igualmente proscritos pela religião do país e pela moral universal. Porém, ao menos é útil separar, na opinião dos cidadãos, alguns mercenários bastante vis para se submeterem a todos os caprichos do público, e cuja conduta não é apropriada para fazê-los serem estimados por pessoas honestas. Um teatro de fato instrutivo, com espetáculos que contribuam para depurar e corrigir os costumes, seria o verdadeiro meio de fazer dele um divertimento louvável, e de reabilitar os atores, que então se tornariam cidadãos úteis.

Ou seja, um governo sábio jamais deve se tornar o aprovador ou o fomentador do vício. Se ele não pode eliminar alguns divertimentos consagrados pela prática, deve depurá-los. Porém, deve empregar todos os seus esforços, sobretudo, para esclarecer os cidadãos, ocupá-los utilmente e devolvê-los à razão, fazendo que, pouco a pouco, eles percam o gosto pelos vãos brinquedos de infância. É por meio de boas leis que se instrui eficazmente os povos, é por meio de castigos que se reprime o vício, é por meio de recompensas que se pode incitar os homens ao bem.

Os divertimentos e os prazeres devem relaxar o espírito sem corromper o coração, não devem jamais levar para a alma dos espectadores nada que seja contrário ao pudor, à decência e aos bons costumes. O legislador deve extrair dos espetáculos a máxima vantagem se quiser fazê-los servir à instrução dos cidadãos, à correção dos vícios e à cura dos preconceitos, dos defeitos e das excentricidades de uma nação. Um drama pode se tornar, para todo um povo, uma lição muito útil e apropriada, fornecendo uma impressão intensa e profunda.[13]

---

13 Horácio, em *Arte poética*, mostra que na origem os espetáculos teatrais foram atos religiosos entre os romanos. Os primeiros dramas de nossos ancestrais, conhecidos como *mistérios*, eram do mesmo modo destinados a evocar nos espectadores algumas ideias religiosas; os nossos dramas deveriam nos reconduzir à virtude, seja nos comovendo, seja nos fazendo rir.

XIV

Dos meios que o governo pode empregar para reformar os costumes e para incitar os homens à virtude

Um sábio do Oriente disse, com razão, que *para fazer as virtudes crescerem é preciso semear as recompensas*. O legislador bem pode, por meio dos castigos, inspirar o terror, forçar o vício a se esconder e reduzi-lo ao silêncio, mas é pela bondade que ele atrai a confiança, é pela generosidade que ele encadeia os corações. A bondade dos reis deve ter a justiça como base, sua generosidade será justa quando recompensar a virtude, que não pode deixar de consistir em algumas disposições e ações vantajosas para a sociedade.

As virtudes são tão raras só porque alguns príncipes desprovidos de noção de equidade não fizeram que as recompensas, das quais são os depositários, e os benefícios, dos quais são os distribuidores, sirvam para agradecer fielmente as vantagens reais que foram proporcionadas à pátria. Como se diz, eles veem suas nações somente em suas cortes, representadas pelo pequeno número pelos quais estavam rodeados. Enganados normalmente por esses homens ávidos e perversos, os príncipes às vezes os pagaram pelo mal que eles faziam a seus concidadãos.

Barão de Holbach

Com isso, o mérito e a virtude foram desencorajados; alguns cortesãos indignos, favoritos perversos, os cidadãos mais inúteis e mais nocivos, absorveram as benesses do soberano. Ao verem que o vício e a intriga obtinham todas as graças, os bons cidadãos consideraram a corte como uma moradia que não era nem um pouco adequada para eles, imaginaram que só o vício e o crime tinham direitos à fortuna, sempre cega na distribuição de seus favores.

É ao soberano virtuoso que está reservado o poder de arrancar sua venda. A fortuna só é cega no governo dos príncipes sem luzes ou que fecham os olhos para seus interesses mais evidentes; ela só é injusta no governo dos tiranos desprovidos de noção de equidade, a quem a virtude deve desagradar; ela só é caprichosa na distribuição dos seus benefícios quando é forçada a servir déspotas acostumados a seguir apenas as suas fantasias; enfim, a fortuna só é inconstante quando obedece a senhores sem firmeza, sem regras permanentes em sua maneira de governar. Em suma, essa fortuna, que os homens transformaram em uma divindade poderosa, que tornaram a senhora e a árbitra dos soberanos mais terríveis e dos mais vastos impérios, nada mais é que a sabedoria ou a loucura, a justiça ou a iniquidade dos reis e dos povos cujos destinos eles regulam. Diz Plínio que *os deuses só amam os príncipes que têm amor pelos homens*. O céu só se irrita contra os Estados malgovernados. A fortuna não abandona as nações senão pela imprudência dos chefes que não sabem consolidá-la, ela só derruba os tronos quando estão ocupados por tiranos que ignoram os verdadeiros meios de torná-los inquebrantáveis.

Assim, a boa ou a má sorte das nações depende dos que as governam. As palavras *fortuna, acaso* e *destino*, na política, significam

Etocracia ou o governo fundamentado na moral

apenas a prudência ou a imprudência, a experiência ou a incapacidade, a virtude ou os vícios dos soberanos. São os soberanos que seguram em suas mãos a cadeia fatal dos acontecimentos felizes ou infelizes, são eles as verdadeiras causas da prosperidade ou da miséria, da grandeza ou da decadência, da glória ou do opróbrio, da potência ou da ruína dos impérios. O céu só espalha suas graças sobre os príncipes virtuosos.

É, sem dúvida, para agradar os déspotas, para adormecê-los em sua negligência e em suas desordens, que alguns cortesãos enganadores empurraram habilmente as desgraças dos Estados para a conta da fortuna. Será que bocas mais verídicas não deveriam ter clamado: "É a vossa condenável indolência que faz vosso Estado definhar; é o vosso luxo inútil que mergulha os vossos povos na miséria; são as vossas extorsões que desencorajam a agricultura, o comércio e a indústria; é a vossa parcialidade que aniquila a emulação de vossos guerreiros; é o vosso fausto que arruína a vossa nobreza; é o vosso ódio pela verdade que sufoca os talentos; são as honrarias e as recompensas que vós concedeis aos indignos que afastam o verdadeiro mérito dos cargos; são os vossos esbanjamentos que esgotam o tesouro público; são as vossas paixões e os vossos exemplos que levam a corrupção para todas as classes de cidadãos"?

Todo soberano que reflete, se quiser se voltar para dentro de si, descobrirá as verdadeiras causas das calamidades públicas e das desordens que reinam na sociedade. Reformando a si próprio, reformará sua corte. Dessa forma, os poderosos, contidos em justos limites, logo apoiarão a reforma e restabelecerão a ordem entre o resto dos cidadãos. *A vida do príncipe é a melhor das censuras. Temos bem menos necessidade de decretos que de exemplos; são as recompensas concedidas aos bons e aos maus que conduzem na direção da bondade ou da maldade*, diz Plínio.[1]

O monarca, erguido em seu trono acima de todas as cabeças, não pode ocultar suas ações dos olhares de seus súditos. Seus movimentos os interessam porque influenciam a felicidade de todos. Assim, como diz Plínio, *o maior de todos os homens deve ser o melhor de todos*. Não é que um grande príncipe, para ser o melhor, deva possuir todas as luzes e virtudes, basta que seja justo, tenha um amor constante e firme pelo bem, force os perversos a se absterem do mal e incentive os bons a colaborarem com os seus projetos salutares por meio de recompensas, demonstrações de estima e algumas benesses. A beneficência dos reis, nunca é demais repetir, deve ser justa, e ela será sempre justa quando tiver por objeto as pessoas que cumprirem fielmente os deveres da sua condição. É assim que todo homem de bem se tornará amigo, o favorito do soberano, que será o melhor dos homens, porque suas bondades se estenderão sobre todos os que estão submetidos ao seu poder.

Por um abuso vergonhoso das palavras, algumas vezes atribui-se a bondade a alguns príncipes porque eles nada recusam a alguns cortesãos que nunca ficam saciados, esbanjam sem critério as rendas e os tesouros do Estado, temem desagradar os homens vis que os assediam, permitem a subsistência de todos os abusos, com medo de criar descontentes. Mas essa bondade fatal não passa de fraqueza real. Mostrar bondade para com os malvados não é ser bom, é ser fraco, é encorajar a maldade; é ser

---

1 "Vita principis censura est. [...] nec tam imperio nobis opus est, quam exemplo. [...]Praemia bonorum malorumque bonos ac malos faciunt" (Plínio, *Panegírico de Trajano*).

Etocracia ou o governo fundamentado na moral

injusto arrebatar do mérito as recompensas que lhe são devidas para concedê-las a homens que não têm direito de almejá-las. A generosidade só é uma virtude nos reis quando ela encoraja ou paga os serviços reais que são prestados à pátria, da qual o soberano está encarregado de saldar as dívidas e de exprimir a gratidão. O príncipe é injusto se acredita estar no direito de acumular em um pequeno número de mãos as riquezas que arrancou com sofrimento de todos os cidadãos, ele se avilta caso se torne covardemente o tesoureiro, o provedor de seus cortesãos, o instrumento desprezível da sua avidez. "Ser generoso à custa dos outros não é ser generoso, é roubar; a generosidade não é uma virtude dos reis, é uma virtude dos cidadãos comuns, porque um cidadão comum só pode dar o que é seu.[2] Antes de fazer favores é preciso fazer justiça... não é justo criar novos subsídios sobre uns para, com isso, dar presentes a outros."

Portanto, é somente por uma distribuição justa das recompensas – das quais é depositário e administrador – que o soberano pode merecer o título de bom. Um príncipe que é bom apenas para seus favoritos ou para os cortesãos que o assediam é um péssimo príncipe para o resto dos cidadãos. Ele logo se torna um opressor, um tirano, se quiser satisfazer a voracidade dos esfaimados sem pudor que lhe pedem para desfrutar dos despojos de seu povo. Os poderosos e os cortesãos só incentivam os príncipes a estender seu poder e a torná-lo sem limites para esmagar as nações em seu favor. Todos os promotores do despotismo, todos os inimigos das leis e da liberdade pública só buscam tornar seu senhor onipotente para exercerem a tirania

---

2 Cf. Charles-Irénée Castel de Saint-Pierre. *Les reves d'un homme de bien qui peuvent être realises, ou Les vues utiles et pratiquables*, p.10 e 85.

em seu nome ou para abusarem de sua ingenuidade a fim de atraírem para as suas mãos a riqueza dos cidadãos sem defesa.

É em geral à vaidade, paixão dos espíritos estreitos, que esses pérfidos conselheiros se dirigem para fazer que o príncipe entre em seus infames complôs. Eles lhe falam apenas dos seus direitos, da sua autoridade e do seu poder, que todo homem, pela sua natureza, deseja ver ampliar-se. Eles fazem que a sua glória consista em um aparato pomposo, que eles dizem ser necessário ao esplendor do trono para imprimir grande respeito aos povos. Eles o desviam de toda ocupação séria, fazendo-o ouvir que um monarca só está neste mundo para desfrutar, para se entregar aos prazeres, e que seria pouco digno ele se misturar com seus próprios negócios, devendo entregar aos seus ministros ou servidores um trabalho fastidioso que não é feito para ele. Eles o persuadem de que os súditos são escravos, espalhados pelo mundo para trabalhar por seus prazeres, para se sacrificarem por todas as suas fantasias. Depois de terem, à força do orgulho, endurecido o coração do soberano, eles o incitam a sobrecarregar de impostos esses povos desprezados, escondem dele a miséria desses povos, ou, então, têm a audácia de dizerem que é preciso que eles sejam desgraçados, que é necessário esmagá-los, mantê-los na indigência, para torná-los mais submissos. O soberano assim iludido jamais ouve os gemidos de seu povo, nem a voz da verdade tão terrível para os mentirosos. Para conservar o príncipe na ignorância, e seus súditos nos grilhões, proscreve-se com furor a liberdade de pensar, de falar e de escrever, impõe-se um silêncio profundo a todos aqueles que poderiam levar as aspirações da nação ao pé do trono, afasta-se com cuidado o verdadeiro mérito e a virtude nobre, que nunca têm a flexibilidade exigida pelos tiranos e seus asseclas.

Etocracia ou o governo fundamentado na moral

Só são elevados aos cargos mais importantes e só são designados para as honrarias e para as dignidades alguns homens vis e conjurados contra o bem público, prontos a servir os favoritos nos empreendimentos mais funestos ao soberano e ao Estado. Para reforçar a tirania – da qual os ministros do déspota imbecil colhem todos os frutos –, persuade-se o senhor de que sua segurança exige grandes exércitos, que, pagos por um povo indigente, redobram sua miséria e o mantêm sob o jugo até que seus opressores o tenham devorado totalmente. Seguindo as máximas dessa política bárbara, o déspota vê com surpresa que ela termina por fazer desaparecerem do país a atividade, a indústria e o bem-estar. Ele só desfruta da glória de reinar sobre províncias e cidades habitadas por alguns escravos sem bons costumes, que enriqueceram com os despojos de uma multidão de escravos mergulhados no infortúnio, privados de coragem e de virtudes.

Tais são, no entanto, as máximas das quais alguns cortesãos pérfidos se servem para envenenar o espírito dos príncipes. Eles só fazem os soberanos aspirarem ao poder arbitrário para reinarem sobre eles, assim como sobre seus súditos. O déspota é uma criança cuja vaidade é incentivada por alguns brinquedos que o fazem esquecer as vantagens mais sólidas. Enganado por aduladores que o divinizam, ele comumente nada mais é que seu primeiro escravo: guiado pelos princípios dos cortesãos, ele se torna, para agradá-los, o destruidor dos seus Estados, dos quais ele aniquila a glória, a potência e os costumes. O desejo do poder ilimitado ou do despotismo evidencia, no príncipe possuído por essa paixão, a pequenez de seu gênio. Em geral, são os menos apropriados para comandar que desejam mais intensamente um poder absoluto.

Todo príncipe virtuoso, verdadeiramente cioso de seu poder e de sua glória, evita adotar princípios e máximas que tendem tão evidentemente à ruína do monarca e de seus súditos. Os exemplos impressivos de muitos Estados que o despotismo assolou e recobriu de chagas quase incuráveis fazem que ele sinta que exercê-lo sobre os povos não é reinar, mas destruir. As revoluções tão terríveis quanto frequentes que experimentam os tiranos da Ásia fazem que ele veja que o déspota jamais está em segurança quando tem como súditos senão escravos embrutecidos, descontentes e indiferentes com relação àquele que lhes põe os ferros. Ele reconhecerá que o tirano não pode contar nem por um instante com a fidelidade dos esbirros pelos quais está rodeado, e que as bestas ferozes destinadas a protegê-lo se tornam normalmente os autores dos atentados mais cruéis contra a sua pessoa. Enfim, todo soberano que consultar a razão de preferência à adulação ficará convicto de que, para reinar com glória, para governar com segurança, é forçoso que o chefe de uma nação obedeça à virtude tal como o mais ínfimo dos cidadãos. Ele perceberá que um bom príncipe é aquele que pode e deseja fazer o bem ao seu povo, e que não existe honra nem vantagem em desfrutar do poder de lhe fazer o mal. A servidão dos povos só se torna útil aos príncipes que não têm os talentos nem as virtudes necessárias para bem governá-los.

Ao renunciar ao poder de ser injusto, o soberano restabelece no mesmo instante a justiça e a boa ordem em seus Estados. Seu exemplo fará os poderosos perceberem que eles não podem se atribuir o privilégio de causar dano impunemente, ao passo que o chefe da nação se coloca na ditosa impotência de exercer ele próprio um poder arbitrário. No governo de um monarca amigo da justiça, os ministros, cortesãos, magistrados

Etocracia ou o governo fundamentado na moral

e todos que exercem a autoridade do príncipe são forçados a ser justos, e, com isso, veem-se desaparecer todos os males do Estado. Da equidade do príncipe logo fluirão, como de uma fonte fecunda, todas as virtudes apropriadas para reanimar a sociedade. A justiça obrigará todo cidadão a cumprir sem reclamação os deveres da sua condição. Privados de fazer o mal e de viverem inutilmente, os poderosos e a nobreza procurarão se ilustrar pela beneficência, afabilidade, brandura e gratidão pelas vantagens que a pátria lhes proporciona de preferência a outros. O guerreiro não se acreditará mais com direito de perturbar ou de humilhar os cidadãos que seu ofício obriga a defender. O ministro da justiça segurará com mão mais firme as balanças da equidade entre a potência e a fraqueza, entre o rico e o pobre. O ministro dos altares, devolvido aos deveres que a religião lhe impõe, será para seus concidadãos um anjo de paz, ele exporá diante dos olhos deles as vantagens que proporcionam, nesse mundo e no outro, a concórdia, tolerância e sociabilidade. Ele lhes ensinará, por seu exemplo, melhor ainda do que por suas lições, os deveres da caridade, da misericórdia, do perdão das injúrias, da benevolência universal que deve ligar os homens entre si. O rico saberá que ele assumiu a obrigação de fazer o bem, de ajudar o pobre, de encorajar os seus trabalhos, que fazem a verdadeira riqueza e a felicidade de um Estado. Enfim, em seu humilde âmbito, o indigente, liberto dos entraves da opressão, trabalhará de bom coração e contribuirá conforme as suas forças para a felicidade geral.

Esse espírito de equidade, universalmente difundido, se fará sentir até na vida privada. Os esposos reconhecerão sem dificuldade que a justiça os obriga a manifestarem reciprocamente os sentimentos necessários para tornar mais amáveis os laços que os unem. Os pais perceberão que seus filhos não estão destinados a serem joguetes das suas fantasias, que eles lhes devem ternura, vigilância e cuidados se querem merecer sua devoção filial e gratidão. As famílias estreitarão os vínculos do parentesco, a fim de adquirirem mais força com a união. Enfim, os patrões, esclarecidos por suas necessidades, deixarão de encarar seus servidores como escravos. Eles os tratarão com bondade, e os servidores se apegarão a seus patrões, nos quais verão a fonte da felicidade.

A justiça do soberano estende suas ditosas influências mesmo sobre as nações não submetidas às suas leis, ela proporciona aos seus vizinhos a paz e as vantagens pelas quais está sempre acompanhada. Um príncipe justo, moderado, isento da injusta necessidade de se engrandecer, gera confiança, segurança e respeito entre todos os povos que o rodeiam. A melhor das políticas é a que toma por base a justiça e a retidão: negocia-se com facilidade quando não se tem nenhuma intenção de causar prejuízo a ninguém.

Uma vaidade pueril e desprezível muitas vezes semeia a desordem entre os senhores da terra, e às vezes é suficiente para fazer correr rios de sangue. Será que uma formalidade ignorada, uma leve omissão na etiqueta, uma disputa de precedência, serão, portanto, objetos bastante poderosos para afetar as grandes almas dos reis? Serão essas razões válidas ou motivos suficientes para perturbar o descanso dos povos, para abalar o universo?

É em seus próprios Estados que um soberano esclarecido pode fazer conquistas apropriadas para multiplicar suas forças reais sem custar lágrimas nem sangue a seus súditos. Quem ousaria atacar um monarca cujos Estados estivessem repletos de cidadãos felizes, apegados ao seu senhor, unidos entre si pelos

Etocracia ou o governo fundamentado na moral

laços da virtude? As pessoas se surpreendem ao ver o patriotismo inteiramente banido das regiões onde o despotismo e o luxo fixaram seu domicílio, pois, juntamente com a liberdade e a virtude, a felicidade desapareceu, pois não existe nenhuma pátria para cativos, cujo país não passa de uma prisão incômoda, pois a sorte do senhor e da nação já quase não sensibiliza os desgraçados que não têm mais nada a perder, pois a ruína do Estado não causa mais do que uma leve impressão sobre alguns viciosos e dissipados que só pensam em usufruir do presente sem se ocuparem tristemente de um futuro desagradável.

O verdadeiro patriotismo só pode ser encontrado nos países onde os cidadãos livres e governados por leis justas encontram-se felizes, estão bem unidos e procuram merecer a estima e a afeição dos concidadãos. Sob as leis arbitrárias do despotismo, ninguém pode ser livre, nem estar contente com a sua sorte, não existe outro meio de se tornar eminente a não ser agradando ao déspota, não se dá nenhuma importância à estima pública, que não pode levar a nada, e que muitas vezes provoca desconfiança no poder inquieto e ciumento. O sultão manda estrangular seus paxás quando eles se tornam amados em suas províncias.[3]

Por que nossos olhos ainda veem com surpresa tantos monumentos prodigiosos erguidos com imensas despesas pelos romanos? Porque contribuir para a utilidade pública sempre foi considerado como um dever pelos príncipes, os senadores e os poderosos, que queriam merecer a estima e a aprovação dos

---

3 Tácito (*Anais*, livro XIII, §53) conta que, no reinado de Nero, Lucius Antistius Vetus, comandante da Gália, concebeu o projeto útil de reunir, por meio de um canal, os rios Saône e Mosela. Porém, um amigo aconselhou-o a não realizá-lo, com medo de que isso o tornasse suspeito ao imperador.

concidadãos. Nos tempos mais simples, mais pobres e mais virtuosos de Roma, uma coroa de carvalho recompensava amplamente aquele que havia salvado a vida de um cidadão. Uma ovação, um triunfo, sem enriquecer o general vitorioso, satisfazia todos os seus desejos.

Todo homem que tem energia na alma quer se destacar de seus semelhantes. O príncipe pode se servir com sucesso dessa paixão inerente à natureza humana a fim de direcionar os espíritos para a utilidade geral. Se alguns signos de distinção, dignidades, pensões – quase sempre modestas – e comendas atiçam nas monarquias a imaginação de tantos homens, a ponto de impeli-los aos maiores perigos e de fazê-los enfrentar a morte, por que, por meios semelhantes, o príncipe não atiçaria nas almas a paixão tão nobre pelo bem público, o desejo de ser útil a seu país, a ambição de se destacar aos olhos do monarca e dos concidadãos por meio de alguns atos de beneficência, de generosidade, de zelo por sua nação? Algumas honrarias manifestas, concedidas a ações verdadeiramente virtuosas, sem dúvida inflamariam os corações dos poderosos e ricos com um entusiasmo bem mais vantajoso para a pátria do que o que lhes inspira, normalmente, a paixão por uma pompa que os empobrece e os torna desprezíveis. Será que um homem de qualidade, seguro de não ser esquecido pelo seu senhor quando fosse para as suas terras espalhar a atividade, o consolo e a alegria entre seus vassalos, teria menos estima por si do que esses poderosos inúteis que vão servilmente se cansar de esperar na corte e se arruinar na cidade com um monte de prostitutas que os enganam e desprezam?

Moderando em favor do bem público o nível da etiqueta, se o monarca mais popular se tornasse acessível aos talentos,

Etocracia ou o governo fundamentado na moral

ao mérito e à virtude, se ele homenageasse as ações louváveis, as descobertas importantes e os empreendimentos verdadeiramente úteis à pátria, que poder não teriam essas distinções honrosas concedidas pelo príncipe? Que emulação elas não incitariam entre os súditos de uma monarquia na qual a maior das honrarias é estar próximo de seu senhor, ser conhecido por ele?

É assim que, sem esgotar os seus tesouros, os príncipes, sempre senhores da opinião pública, podem em um instante transformar a face de um império, banir dele o luxo e a vaidade e substituí-los pela beneficência, fazer reinar a equidade, suscitar a consideração pelos verdadeiros talentos e o respeito pelos bons costumes. Um monarca será verdadeiramente grande, poderoso e invencível quando empregar sabiamente os recursos do governo para reunir o interesse geral aos de todas as classes de cidadãos. Então, o Estado se tornará uma família bem unida, cujo chefe desfrutará de todo poder, esplendor e glória que a ambição pode desejar. Então, veremos a política e a moral vantajosamente combinadas para trabalharem em conjunto pela felicidade dos humanos.

Tais são, augusto LUÍS, os benefícios que pode esperar de teus cuidados um grande império, ao qual a aurora de teu reinado já concebe as mais doces esperanças. Reunindo, junto a teu trono, a sabedoria e a probidade, tu consolas teus súditos, tu lhes dizes que tenham esperança de tempos mais afortunados. Sim, príncipe verdadeiramente bom e magnânimo, tu serás o restaurador, o legislador e o pai de uma monarquia poderosa e livre debaixo das tuas leis. Amigo constante da justiça, da virtude e da verdade, elas reinarão a teu lado. Teu povo, sempre dócil à voz de seus senhores, sempre fiel em seguir o exemplo deles, os honrará do mesmo modo que a ti. Por demasiado tempo, teus

Barão de Holbach

antepassados tornaram seus nomes célebres pelas conquistas e façanhas famosas, por alguns monumentos maravilhosos e pelo esplendor da sua corte. Tua alma benfazeja ambiciona uma glória maior e mais pura: a de enxugar as lágrimas dos infelizes, de curar no seio da paz as feridas sofridas pelo Estado e de nele estabelecer os bons costumes juntamente à felicidade.

Prossegue, ó generoso MONARCA, um empreendimento tão nobre, tão digno de ti; repele com uma mão poderosa e firme os obstáculos que tentarem opor aos teus projetos; bane com coragem um luxo corruptor; despreza um brilho vão, inútil aos grandes reis; obriga o vício intimidado a afastar-se da tua presença; que o adulador abjeto não se mostre mais na corte de um príncipe amigo da verdade; dá ao povo leis apropriadas para guiá-lo no caminho da virtude, que sempre conduz à felicidade; e que uma nação amável, ativa, sociável e espirituosa se torne, pelos teus cuidados, virtuosa, sólida e respeitável. Assim, tu sobrepujarás todos os heróis da tua estirpe; serás mais querido que alguns guerreiros cujas mãos ficaram muitas vezes ensanguentadas. Tu serás mais admirado que esses monarcas faustosos que são exaltados pelas construções ruinosas para seus súditos. Teu reinado será celebrado não como o das vitórias, não como o das artes e da magnificência, mas como o reinado das leis, das virtudes e da felicidade.

FIM

Coleção Clássicos

A arte de roubar: Explicada em benefício dos que não são ladrões
D. Dimas Camándula

A construção do mundo histórico nas ciências humanas
Wilhelm Dilthey

A escola da infância
Jan Amos Comenius

A evolução criadora
Henri Bergson

A fábula das abelhas: ou vícios privados, benefícios públicos
Bernard Mandeville

Cartas de Claudio Monteverdi: (1601-1643)
Claudio Monteverdi

Cartas escritas da montanha
Jean-Jacques Rousseau

Categorias
Aristóteles

Ciência e fé – 2ª edição: Cartas de Galileu sobre o acordo do sistema copernicano com a Bíblia
Galileu Galilei

Cinco memórias sobre a instrução pública
Condorcet

Começo conjectural da história humana
Immanuel Kant

Contra os astrólogos
Sexto Empírico

Contra os gramáticos
Sexto Empírico

Contra os retóricos
Sexto Empírico

*Conversações com Goethe
nos últimos anos de sua vida:
1823-1832*
Johann Peter Eckermann

Da Alemanha
Madame de Staël

Da Interpretação
Aristóteles

*Da palavra: Livro I –
Suma da tradição*
Bhartrhari

*Dao De Jing: Escritura do
Caminho e Escritura da Virtude
com os comentários do Senhor às
Margens do Rio*
Laozi

De minha vida: Poesia e verdade
Johann Wolfgang von Goethe

Diálogo ciceroniano
Erasmo de Roterdã

Discurso do método & Ensaios
René Descartes

*Draft A do Ensaio sobre o
entendimento humano*
John Locke

*Enciclopédia, ou Dicionário
razoado das ciências, das artes
e dos ofícios – Vol. 1: Discurso
preliminar e outros textos*
Denis Diderot, Jean le Rond
d'Alembert

*Enciclopédia, ou Dicionário
razoado das ciências, das artes e
dos ofícios – Vol. 2: O sistema dos
conhecimentos*
Denis Diderot, Jean le Rond
d'Alembert

*Enciclopédia, ou Dicionário razoado
das ciências, das artes e dos ofícios –
Vol. 3: Ciências da natureza*
Denis Diderot, Jean le Rond
d'Alembert

*Enciclopédia, ou Dicionário
razoado das ciências, das artes e
dos ofícios – Vol. 4: Política*
Denis Diderot, Jean le Rond
d'Alembert

Etocracia ou o governo fundamentado na moral

Enciclopédia, ou Dicionário razoado das ciências, das artes e dos ofícios — Vol. 5: Sociedade e artes
Denis Diderot, Jean le Rond d'Alembert

Enciclopédia, ou Dicionário razoado das ciências, das artes e dos ofícios — Vol. 6: Metafísica
Denis Diderot, Jean le Rond d'Alembert

Ensaio sobre a história da sociedade civil / Instituições de filosofia moral
Adam Ferguson

Ensaio sobre a origem dos conhecimentos humanos / Arte de escrever
Étienne Bonnot de Condillac

Ensaios sobre o ensino em geral e o de Matemática em particular
Sylvestre-François Lacroix

Escritos pré-críticos
Immanuel Kant

Exercícios (Askhmata)
Shaftesbury (Anthony Ashley Cooper)

Fisiocracia: Textos selecionados
François Quesnay, Victor Riqueti de Mirabeau, Nicolas Badeau, Pierre-Paul Le Mercier de la Rivière, Pierre Samuel Dupont de Nemours

Fragmentos sobre poesia e literatura (1797-1803) / Conversa sobre poesia
Friedrich Schlegel

Hinos homéricos: Tradução, notas e estudo
Wilson A. Ribeiro Jr. (Org.)

História da Inglaterra — 2ª edição: Da invasão de Júlio César à Revolução de 1688
David Hume

História natural
Buffon

História natural da religião
David Hume

Investigações sobre o entendimento humano e sobre os princípios da moral
David Hume

Lições de ética
Immanuel Kant

Lógica para principiantes —
2ª edição
Pedro Abelardo

Metafísica do belo
Arthur Schopenhauer

Monadologia e sociologia:
E outros ensaios
Gabriel Tarde

O desespero humano: Doença até
a morte
Søren Kierkegaard

O mundo como vontade e como
representação — Tomo I — 2ª edição
Arthur Schopenhauer

O mundo como vontade e como
representação — Tomo II
Arthur Schopenhauer

O progresso do conhecimento
Francis Bacon

O Sobrinho de Rameau
Denis Diderot

Obras filosóficas
George Berkeley

Os analectos
Confúcio

Os elementos
Euclides

Os judeus e a vida econômica
Werner Sombart

Poesia completa de Yu Xuanji
Yu Xuanji

Rubáiyát: Memória de Omar
Khayyám
Omar Khayyám

Tratado da esfera —
2ª edição
Johannes de Sacrobosco

Tratado da natureza humana
— 2ª edição: Uma tentativa
de introduzir o método
experimental de raciocínio nos
assuntos morais
David Hume

Verbetes políticos da Enciclopédia
Denis Diderot, Jean le Rond
d'Alembert

SOBRE O LIVRO

Formato: 13,7 x 21 cm
Mancha: 23,5 x 39 paicas
Tipologia: Venetian 301 BT 12,5/16
Papel: Pólen Soft 80 g/m² (miolo)
Cartão Supremo 250 g/m² (capa)

1ª edição Editora Unesp: 2022

EQUIPE DE REALIZAÇÃO

Edição de texto
Maísa Kawata (Copidesque)
Carmen T. S. Costa (Revisão)

Capa
Vicente Pimenta

Editoração eletrônica
Sergio Gzeschnik

Assistência editorial
Alberto Bononi
Gabriel Joppert

Camacorp Visão Gráfica Ltda

Rua Amorim, 122 - Vila Santa Catarina
CEP:04382-190 - São Paulo - SP
www.visaografica.com.br